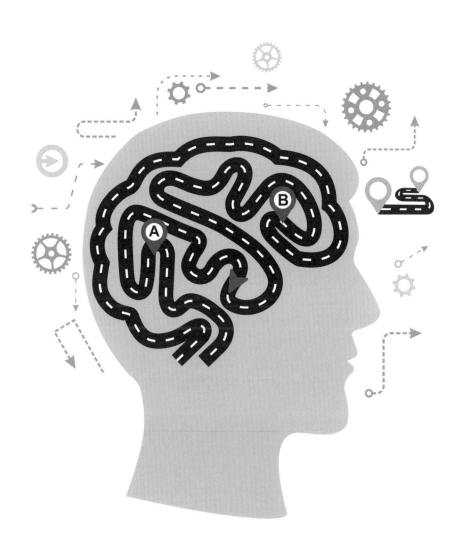

交通心理学入門

日本交通心理学会 企画

石田敏郎 早稲田大学名誉教授 **松浦常夫** 実践女子大学教授 編著

企業開発センター 交通問題研究室

編者のことば

　近年、道路交通の世界は大きく変わりつつある。道路環境は整備され、高速道路網が全国に張り巡らされている。市街地も信号制御や道路の付帯設備などが整備されている。自動車は先進技術を取り入れて、様々な運転支援システムを運転者に提供し始めている。自動ブレーキは最も注目されているシステムで、大幅な事故の低減が期待されている。しかし、すべての道路環境条件で運転者が望むような動作を自動的にするにはまだまだ課題が多い。当分の間、人間が主体となって自動車を操縦していく状況に変わりはなさそうである。

　交通心理学は主に道路利用者の安全性向上を目指しているが、交通行動という生活に密着した領域を扱うため、対象となる範囲が広く、心理学のほとんどすべての領域と関係する。本書の構成は10章からなるが、第1章は、第2章以下を執筆する著者達が、自身と関連する研究テーマや、非常に興味が引かれた研究を紹介している。第2章はドライバーの心理学的、生理学的特性を取り上げている。いわば運転の基本的能力の解説である。第3章は事故に係わる人間の特性や事故の分析方法について述べられている。第4章は運転の適格性および運転適性の概念とその測定法について、第5章では子どもの交通行動を中心に交通教育心理学を解説している。第6章では、発達段階と運転者の意識変化を関連づけながら交通発達について論じている。第7章は臨床心理学的な視点から、運転者に対するカウンセリングを、第8章では運転者教育の新しい方法としてコーチングを述べている。第9章では運転者のリスク知覚について、最終章である第10章では運転者の攻撃行動などの社会心理学的な分野を述べている。それぞれの章で取り扱われているのは、交通心理学のなかで中心的な分野である。

　本書は、日本交通心理学会が認定する交通心理士資格を取得するための受験用のテキストとして編纂されたものを土台として加筆修正を行い、一般書籍として刊行するものである。本書が対象とする読者は、これから交通心理学を学んでいこうとする初学者であり、心理学を学ぶ学部生や大学院生を始め、実務で安全運転教育を行っている自動車学校の指導員や損害保険会社の交通担当者や車両管理会社の職員、さらには交通安全に興味を持っている社会人などの方々にぜひ活用して頂きたい。もちろん、本書は交通心理学に内容を絞っており、基礎的な心理学については一般的なテキストを参考にして頂きたい。

　本書の出版に当たり、企業開発センター交通問題研究室の鈴木篤氏の協力と齋ノ内宏社長のご厚意を得た。ここに感謝の意を表する次第である。

2017年6月20日

編集代表　早稲田大学名誉教授　石田敏郎
　　　　　実践女子大学教授　　松浦常夫

目 次

第1章　各章に関連する研究紹介
- 年齢と危険運転の大規模調査（第2章） ･････････････････････････ 8
- 人は生きるように運転する（第3章） ･････････････････････････ 10
- ドレイクの仮説（第4章） ･･････････････････････････････････ 12
- 誰が子どもに道路の横断方法を教えれば良いのか（第5章） ･･････ 14
- 実行機能の発達と交通行動（第6章） ･････････････････････････ 16
- 交通カウンセリングとストレスマネジメント（第7章） ･･････････ 18
- ミラーリング法（第8章） ･･････････････････････････････････ 20
- リスク知覚のタイミング（第9章） ･･･････････････････････････ 22
- 交通行動での攻撃行動（第10章） ････････････････････････････ 24

第2章　ドライバーの応答特性
1. 交通心理学の目的と対象 ･････････････････････････････････ 28
2. 道路交通におけるドライバーの応答特性 ･････････････････････ 28
   1. ドライバーの応答特性 ･･･････････････････････････････ 28
   2. 視覚機能の特性 ･･･････････････････････････････････ 31
   3. 距離と速度の知覚 ･････････････････････････････････ 33
3. 交通事故の人的要因 ･････････････････････････････････････ 33
   1. 交通事故要因の分類 ･･･････････････････････････････ 36
   2. 事故の直接的原因 ･････････････････････････････････ 37
   3. 事故の人的背景 ･･･････････････････････････････････ 39

第3章　交通事故の心理学的問題
1. 交通事故をめぐる諸問題 ･････････････････････････････････ 46
   1. 交通事故と事故統計 ･･･････････････････････････････ 46
   2. どのようなグループが事故を起こしやすいか ･････････････ 47
   3. 交通事故の要因としての運転経験と年齢 ･････････････････ 50
   4. 事故の起こりやすさの国際比較 ･･･････････････････････ 53
   5. 事故件数の正確性 ･････････････････････････････････ 54
   6. 事故の反復性 ･････････････････････････････････････ 55
   7. 違反と事故 ･･･････････････････････････････････････ 55
   8. 事故危険性の指標 ･････････････････････････････････ 57
2. 交通事故防止対策 ･･･････････････････････････････････････ 59
   1. 対策の種類 ･･･････････････････････････････････････ 59
   2. 対策への心理学の貢献 ･････････････････････････････ 59
   3. 対策に関係する心理学的な問題 ･･･････････････････････ 61

第4章　運転適性

- 1　運転適格性 ……………………………………………………………… 64
- 2　事故傾性、事故傾向 …………………………………………………… 64
  - 1　事故傾性 …………………………………………………………… 64
  - 2　事故傾向 …………………………………………………………… 67
- 3　運転適性 ………………………………………………………………… 68
  - 1　運転技能 …………………………………………………………… 68
  - 2　運転態度 …………………………………………………………… 69
  - 3　パーソナリティ …………………………………………………… 70
  - 4　心身機能 …………………………………………………………… 72
- 4　運転適性検査 …………………………………………………………… 75
  - 1　運転適性検査の歴史 ……………………………………………… 75
  - 2　現在使用されている運転適性検査 ……………………………… 76
  - 3　運転適性検査実施上の注意点 …………………………………… 78

第5章　交通教育心理学

- 1　交通教育心理学とは …………………………………………………… 82
- 2　教育の定義 ……………………………………………………………… 83
- 3　教育心理学の理論 ……………………………………………………… 84
  - 1　学習理論 …………………………………………………………… 84
  - 2　動機づけ理論 ……………………………………………………… 89
- 4　交通安全教育について ………………………………………………… 92
  - 1　交通安全教育の現状 ……………………………………………… 92
  - 2　交通参加者の動機づけ …………………………………………… 93
  - 3　交通安全教育手法について ……………………………………… 97

第6章　交通発達心理学

- 1　交通発達心理学とは …………………………………………………… 104
- 2　子どもの認知能力の発達 ……………………………………………… 104
- 3　青年期以降の自我同一性 ……………………………………………… 106
  - 1　エリクソンの心理・社会的発達理論 …………………………… 106
  - 2　青年期以降の自我同一性 ………………………………………… 108
  - 3　交通安全の自我同一性 …………………………………………… 108
- 4　向社会性の発達 ………………………………………………………… 109
  - 1　向社会性とは ……………………………………………………… 109
  - 2　交通モラルの推移 ………………………………………………… 109
  - 3　ピアジェの道徳発達理論 ………………………………………… 110
  - 4　道徳と慣習 ………………………………………………………… 110
  - 5　共感性の発達 ……………………………………………………… 112

6　役割取得能力 …………………………………………………… 112
　　7　罪悪感 …………………………………………………………… 112
　5　感情と交通安全行動 ……………………………………………… 113
　　1　感情と運転 ……………………………………………………… 113
　　2　青年期のリスク行動 …………………………………………… 115
　　3　感情のコントロールとEQ（感情性知能）………………… 116
　6　交通安全総合力の発達 …………………………………………… 116
　7　交通安全のしつけ ………………………………………………… 118

第7章　交通カウンセリング

　1　交通カウンセリングとは ………………………………………… 122
　2　交通カウンセリングと関連領域の関係 ………………………… 122
　　1　カウンセリングの起源 ………………………………………… 123
　　2　心理療法の起源 ………………………………………………… 124
　　3　臨床心理学の起源 ……………………………………………… 124
　3　心理的障害 ………………………………………………………… 124
　　1　神経症 …………………………………………………………… 124
　　2　心身症 …………………………………………………………… 125
　　3　発達障害 ………………………………………………………… 125
　4　カウンセリング、心理療法の理論 ……………………………… 126
　　1　精神分析療法 …………………………………………………… 126
　　2　行動療法 ………………………………………………………… 127
　　3　来談者中心療法 ………………………………………………… 128
　　4　交流分析 ………………………………………………………… 128
　　5　認知療法 ………………………………………………………… 129
　　6　論理療法 ………………………………………………………… 129
　　7　認知行動療法 …………………………………………………… 129
　　8　遊技療法 ………………………………………………………… 130
　　9　箱庭療法 ………………………………………………………… 130
　　10　家族療法 ………………………………………………………… 130
　　11　構成的グループ・エンカウンター …………………………… 130
　　12　ストレスマネジメント教育 …………………………………… 131
　5　マイクロカウンセリング ………………………………………… 132
　　1　かかわり行動 …………………………………………………… 133
　　2　開かれた質問・閉ざされた質問 ……………………………… 133
　　3　クライエント観察技法 ………………………………………… 135
　　4　はげまし ………………………………………………………… 135
　　5　いいかえ ………………………………………………………… 136
　　6　要約 ……………………………………………………………… 136

7　感情の反映 …………………………………………………………… 136
　　　8　対決 …………………………………………………………………… 137
　　　9　焦点のあてかた ……………………………………………………… 137
　　　10　積極技法 ……………………………………………………………… 138
　　6　マイクロ技法を用いた面接例 …………………………………………… 139

第8章　コーチング

　　1　これまでの安全教育の課題 ……………………………………………… 142
　　2　HERMES プロジェクト ………………………………………………… 143
　　3　運転行動と「うまい運転像」…………………………………………… 143
　　4　"五つ星ドライバー" …………………………………………………… 144
　　5　コーチング ………………………………………………………………… 146
　　6　良いコーチとは？ ………………………………………………………… 147
　　7　コーチング技法 …………………………………………………………… 149
　　8　コーチングによる教育の実例 …………………………………………… 150
　　9　ミラーリング法 …………………………………………………………… 151

第9章　交通リスク心理学

　　1　はじめに …………………………………………………………………… 156
　　2　リスクとは何か …………………………………………………………… 156
　　3　リスク知覚のしくみ ……………………………………………………… 158
　　　1　客観的リスクと主観的リスク ……………………………………… 158
　　　2　ハザード知覚 ………………………………………………………… 158
　　　3　運転能力の自己評価 ………………………………………………… 159
　　　4　結果の重大性評価 …………………………………………………… 159
　　　5　効用評価とリスクテイキング ……………………………………… 160
　　　6　リスクホメオスタシス ……………………………………………… 162
　　4　リスクの測り方 …………………………………………………………… 163
　　　1　刺激の提示方法 ……………………………………………………… 163
　　　2　反応の計測方法 ……………………………………………………… 165
　　5　リスク知覚を変える ……………………………………………………… 170

第10章　交通社会心理学

　　1　はじめに …………………………………………………………………… 174
　　2　カーコミュニケーションのチャンネルと内容 ……………………… 175
　　3　合図のチャンネルごとのコミュニケーションの特徴 ……………… 177
　　4　経験によるコミュニケーションスキルの向上 ……………………… 178
　　5　カーコミュニケーションと攻撃行動 ………………………………… 180
　　6　交通社会心理学の将来的展望 ………………………………………… 186

第1章 各章に関連する研究紹介

第2章に関連する研究紹介

年齢と危険運転の大規模調査

　最近の日本の若者は自動車にあまり興味を示さないという。しかし、運転免許はほとんどの若者が取得し、仕事などで運転もしている。事故率は高齢者よりも低いとは言え、事故件数は多い。若者への事故対策はやはり重要である。

　ジョナー (1986) は、若年ドライバーがリスキーな運転をし、違反率や事故率も高い傾向をジェッサーの問題行動説に基づく概念である「危険行動症候群」に帰した。問題行動説では、若者は彼らの心理的発達段階で、あるゴールへ到達する方法として危険運転をすると仮定される。従来の危険運転の研究が若い男性ドライバーに集中したり、若年ドライバーのサンプルが小さいといった問題点があるため、この研究ではラージスケールのサンプルをもとに、(1) 危険な行動 (運転と非運転) と事故および違反の年齢差 (2) 男女別の危険行動と事故および違反の年齢差 (3) 危険行動の一貫性の程度と年齢による変化について検討している。

　方法としては、電話調査により 16～69 歳までの 9,943 人のデータを収集している。質問内容は、昨年中と先月中の飲酒と運転、インタビュー前 7 日間のアルコール消費の頻度と量、飲酒の理由、大麻、コカインといった禁制薬物の使用、そして攻撃的運転習慣、運転の頻度と量、事故と違反の回数、免許停止およびシートベルト使用の頻度などである。

　飲酒と運転に関する変数の年齢による差は、20～24 歳のドライバーは、昨年 1 年間に 2 杯以上のアルコール飲料を飲んだ後、一時間以内に運転している可能性が最も高い。また、16～24 歳の回答者には、昨年 1 年間に、知人や親類が飲酒運転する車に同乗したという回答が多かった。これは、若い人々が、周囲で飲酒運転をする他のドライバーからの影響を受けている可能性を示唆する。また、若いドライバーほど、飲酒運転で罰せられる確率を低く見ているという結果であった。攻撃的運転は、16～24 歳の年齢層に多く、シートベルトの非着用は 20～24 歳の年齢層がもっとも高い。また、大麻やコカインといった禁止薬物を過去 12 ヶ月の間に一回以上服用した者は、16～24 歳、特に 20～24 歳でかなり多かった。

　男女を比較すると、男性の危険行動のピークは 20～24 歳の年齢層であり、同様に女性にも 20～24 歳の年齢層にピークがあるが、男性に較べれば率は低い。走行距離ごとの事故率は、20～24 歳および 65 歳以上のドライバーでは、女性の方が高かったことは注目すべきである。これらの結果から、若年ドライバーへの交通安全教育が急務であることが分

かる。飲酒運転、無謀運転による事故の恐ろしさを教えるプログラムが必要である。また、シートベルト着用率が20～24歳層で最も低いことから、10代のうちにシートベルト着用を習慣づけておく必要性がある。最もシンプルな解決法は、飲酒年齢か免許年齢を上げることかもしれないが、免許年齢を上げることは、若者のモビリティを困難にするという結果を生むため、反対意見が多いであろう。代わりの戦略として、段階式免許システムの導入を提案している。

　この研究は、電話調査であるが、現在のウェブ調査などが行えない状況で、膨大な資料に基づく非常に有益な結果と言えよう。

文　献

Jonah, B.A. (1990). Age differences in risky driving, *Health Education Research,* Vol.5, No.2, 139-149

> 第3章に関連する研究紹介

人は生きるように運転する

　Tillmann & Hobbs（1949）の研究を紹介しよう。ティルマンらは、「人は生きるように運転する（A man drives as he lives.）」という言葉で有名なカナダの精神科医であり、政府の要請で実施した事故頻発者の研究論文の中でこの言葉を使っている。彼らは、まずタクシー会社の運転手を対象として、3ヶ月にわたる参加観察と面接、および警察や裁判所等の記録調査をおこない、20名の事故多発者（事故件数が4件以上）と20名の事故寡発者を比較した。

　その結果、事故多発者の特徴として、両親の不仲や厳格なしつけの下で育った（子どもの頃の家庭環境）、けんか好きな攻撃的な子どもであった、けんかを恐れる不安傾向の強い子どもであった（子どもの頃の性格）、学校はよくさぼったり、規則を破ったりした（学校での適応状態）、解雇されて職場を転々とした（運転手になる前の職歴）、結婚率はふつうであるが性的に放縦である（結婚状態と性的適応）、行動が未熟で、言葉使いが下品、話はうまいが自分が重要人物だという印象を持たせようとする、服装が奇抜である（行動パターン）、運転中に注意が散漫となり、よくイライラするし、ホーンを鳴らしたり、道路上で競争したりしがちである、車はきたなく、車内には派手なアクセサリーをぶら下げている（運転習慣）、運命論者で物質的な生活に興味を持ち、教育やルーチーンが嫌いで、その日暮らしを好む（信条）を挙げている。要するに、タクシーの事故多発者は、攻撃的であり、権威に対して我慢ができないという人で、この背景には家庭環境の問題があり、逆に事故寡発者は、まじめで、安定した、よく適応している人であり、家庭環境が良かった人であった。

　次いでティルマンらは、この知見が一般の運転者にも見られるかを調べるために、オンタリオ州当局の協力を得て、地域の運転者の中で96名の事故多発運転者（男性、4回以上の事故経験者、事故は50ドル以上の物損事故以上、事故の責任度合いは不問）と100名の無事故者（男性、事故多発者と同年齢）を選んで、少年裁判所、成人裁判所、公衆衛生機関、性行為感染症病院、社会サービス機関、およびクレジット会社の記録を比較した。その結果、裁判にかけられたり、クレジット関係のトラブルを起こしたりするなどして、事故多発者群の66％はこれらの機関の1つ以上に名前が記載されていたが、無事故者群では9％しか名前が記載されていなかった。

　事故多発者群に社会的不適応者が多いという結果は、タクシー運転手の場合と同じで

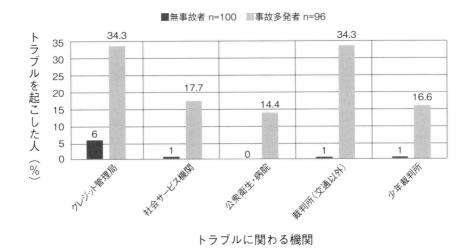

図1　事故多発者と無事故者のトラブル

あったことから、不適切な運転習慣や事故多発は、個人の生活に見られる生活スタイルの1つの現われにすぎない、つまり「人は生きるように運転する」とティルマンらは結論した。この論文は生まれつきの個人要因と家庭環境要因が成人後の生活に影響し、それが運転にも現れることを示した代表的な論文である。

文　献

Tillmann, W.A., & Hobbs, G.E.（1949）. The accident-prone automobile drivers. *American Journal of Psychiatry,* 106（5），321-331.
（In W. Haddon, E. A. Suchman, & D. Klein（Eds.）（1964）. *Accident research : methods and approaches* （pp. 437-444）. New York : Harper & Row Publishers.）

第4章に関連する研究紹介

ドレイクの仮説

　発行が1940年という古い論文であるが、運転適性検査の開発において非常にインパクトがあった論文である。事故傾性の概念を提唱し運転適性に関する交通心理学的な研究を始めたという意味ではFarmerとChambersの諸研究はDrakeの研究よりも大きな影響を与えたと言えるが、彼らは事故多発者の特徴を理論化することはできなかった。Drakeは動作優位という概念を考案することで、運転適性検査開発にひとつの方向性を示すことになった。

　Drakeが扱った対象（事故）は、交通事故ではなく工場内の事故であった。このため、以下の様な5種類のテストが使用された。運動関連のテスト（3種類）は、腕や手首の動きを含めた手指の器用さを計測するものであった。Pin Boardテストは細い針を指で摘み上げて木板に開けられた穴に差し込んでいく作業、Right-Right Turnテストは垂直に立てられた金属板のネジ穴にネジを取り付けていく作業、O'Connorテストはピンセットを使って木のブロックの穴に針を入れていく作業であった。知覚関連のテスト（2種類）は、視覚に関するテストではあるが、運動系も多少関係するものであった。Spiralテストは100個の渦巻き状のアルミニウム部品を2種類（50個は端から2巻半のところに穴が空いており、残りは違う場所に穴が空いている）に分類する作業、Caseテストは色毎に分類された120個の金属製ペンケースの中から印がつけられた30個を見つけ出す作業であった。テストは作業遂行時間を計測する点が共通しており、テスト間で比較できるように各テストの得点は標準化された。

　実験参加者は、ある工場の金属加工部門において、作業長からもっとも熟練した工員グループ、通常レベルの工員グループ、もっとも未熟な工員グループとして選抜された女性工員40名であった。彼女らは調査期間17ヶ月の間にのべ73件の事故を起こしていた。17名は事故を起こしていなかったが、23名は1件から9件の事故を起こしていた。事故の深刻さや雇用期間の違い（17ヶ月雇用されていなかった工員もいた）を考慮し、事故指標（事故回数×重大さ／勤務月数）が計算された。重大さは看護師長によって評定された。

　事故指数が高い工員（事故傾性の高い工員）の結果は、運動関連のテストの成績が知覚関連のテストの成績よりも高い傾向があった。一方、事故指数が低い工員の結果はその逆であった。Drakeはこの結果をもとに、知覚機能よりも運動機能のほうが優位である人が事故を起こしやすいとする、後にドレイクの仮説と呼ばれることになる仮説を提唱した。

事故を起こしやすい人は反応が遅く機敏性に欠けるというのが一般的なイメージだと思うが、それとは全く異なる考え方を提案したのである。

　彼の仮説は日本の交通心理学分野では特に大きく注目されることとなった。運転適性検査機器の開発において参考とされることが多かったためである。1950年代から60年代にかけて、日本でも盛んに検査機器が研究されていた。当時の代表的な成果である狙準反応検査や速度見越反応検査、重複作業反応検査等がドレイクの仮説にその理論的根拠を求めていた。狙準反応検査の焦燥性、速度見越反応検査の尚早反応、重複作業反応検査の誤反応は、認知することよりも反応することが優位である人に多く生じると解釈されたのである。

文　献

Drake C. A.（1940）. Accident-proneness : A hypothesis. *Character and Personality*, 8, 335-341.

> 第5章に関連する研究紹介

誰が子どもに道路の横断方法を教えれば良いのか

　教育心理学では、人間にとって教育とは何かといった根本的な問いに答えることや、教育プログラムの開発と評価、さらには、その効果に影響を及ぼす心理的および物理的要因を解明することが主な研究課題となっている。

　教育の効果について考えた場合、誰が、誰に、いつ、どこで、何を、どのように教えるのかに十分配慮することが重要となる（大谷、2012：図1）。また、実施した交通安全教育の効果は、受講者の①教育に対する感情や認知（実施した教育を受容するか）、②教育内容についての理解（正しい知識を習得したか）、③安全に対する感情や認知（安全遵守が重要と考えるようになったか）、④行動（教育場面および実際の道路上での行動）といった多角的観点から評価される必要がある。

　教育内容（何を）や手法（どのように）が受講者の感情や認知、さらには、知識にどのような影響を及ぼすのかについては、過去に非常に多くの研究が実施されている。これとは対照的に、教育担当者の影響についての研究は散見される程度である。この点について、フロニンゲン大学（オランダ）のローテンガッター教授は、教育担当者（誰が）の違いに焦点を当て、子どもの道路の横断行動への影響についての興味深い研究を行っている（Rothengatter、1984）。この研究の結果、専門家による訓練が適切な道路の横断行動を最も促進しているが、同時に、事前に講習を受講した保護者が訓練を担当した場合でも、ある程度の改善効果が見られることが報告されている。

　ローテンガッター教授の研究（1984）では、観察者が存在する中での実路上の子どもの行動から訓練の効果を把握しており、自然観察法により結果の妥当性を検証することや、保護者の教え方の違いによって子どもの横断行動に個人差が生じなかったか否かを把握することなどが、今後の課題となっている。しかしながら、教育担当者の違いが子どもの横断行動に及ぼす影響について実証的に検討した数少ない研究であり、交通安全教育を担当

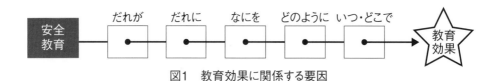

図1　教育効果に関係する要因

する人員が不足している中で、保護者が子どもの横断行動の訓練を担うことができることを示している点で、現実的な課題を解決する有益な資料となっている。

文　献

大谷亮（2012）．子どもを対象にした交通安全教育の実践と理論－安全教育の体系化と普及促進を目指して－．交通心理学研究，28（1），49 － 55．

Rothengatter, T.（1984）. A behavioural approach to improving traffic behaviour of young children. *Ergonomics*, 27（2），147 － 160.

第6章に関連する研究紹介

実行機能の発達と交通行動

　近年、身体能力、知覚・運動能力、認知能力など以外に、交通行動に関する能力のひとつとして実行機能（Executive Function）が注目されている。実行機能とは、自らを管理する能力のことで、高次の認知制御や行動制御に必要とされる。

　実行機能は、アップデーティング、シフティング、抑制機能の3要素から構成されるという考え方が有力になっている。

　アップデーティングとは、ワーキングメモリーと似ており、活動に必要な情報を一時的に保持し、注意を必要に応じて配分し、目標となる行動を実行する働きである。たとえば、連続して文字を提示し、直近の3文字を再生する課題や、あるいは、数字の列（たとえば7桁）を提示し、それを後ろから逆に再生する課題などで必要とされる。情報を入力し、それらを順次、更新したり、あるいは保持している情報を操作しないと課題が実行できないからである。

　第2に、シフティングとは、必要に応じて注意を転換する機能のことである。たとえば、1から5までの数字と「あ」から「お」までの平仮名、各5個が提示され、「1」-「あ」-「2」-「い」-「3」・・というように、数字と平仮名を交互に、しかも順に並べるような課題などで必要とされる。課題を遂行するために、数字と平仮名への注意を順次切り替えることが必要とされるからである。

　第3に、抑制機能とは、目的としている行動を遂行するために、他の優勢になる要因を抑えなければならない場合に必要とされる。たとえばよく知られているものとしてストループ課題を挙げることができる。色の名前と書いた色を不一致にした刺激を提示し、書いた色を答えるという作業である。赤い色で赤と書かれているような、文字の意味と文字の色が一致していれば容易な課題であるが、赤い色で青と書かれているような場合、文字の意味を抑制しないと色を正しく答えられない。

　実行機能は、年齢とともに発達し、児童期に成人と同じ程度のレベルに到達するが、高齢期になると低下する。実行機能は、多くの情報が行き交う中で、必要に応じて情報を処理するための機能であるから、交通環境のように多くの情報が同時に発生するなかで行動をコントロールするためには重要であると容易に推察される。実行機能が低下すると交通

行動に影響することが考えられる。

　欧米での研究で、認知症の運転者の運転成績と実行機能が関係している結果や、注意に関する実行機能と自己報告による運転経験に関連がみられる結果が報告されている。

　たとえば、Jousse, A. ら（2014）は、若者、高齢者を対象とし、認知能力や運転能力の比較検討を行っている。とくに、この研究では運転能力はドライビング・シュミレーターを用いて測定している点が特徴的である。高齢者の安全性を測定し、安全性高群と安全性低群として、若者群とあわせて3群の比較をしている。その結果、実行機能のひとつであるワーキング・メモリーが運転能力と関連しており、ワーキング・メモリーの低下が交通行動の安全性を低める結果となっている。

　実行機能と交通行動の関連についての検討はまだ始まったところであるが、今後、運転能力との関連で検討が進み、知覚・運動能力を管理する一段高いレベルでの安全要因の分析が進むことが期待される。

文　献

Jousse, A., Viola, C., &Isingrini, M. *Profile of older drivers at higher accident risk in a complex traffic situation*.YRS 2015 - Young Researchers Seminar, pp.15. Rome,Italy.2015. https://hal-normandie-univ.archives-ouvertes.fr/CERCA/hal-01471819v1

Porter, B.E.（Ed.）*Handbook of traffic psychology*, MA：Elsevier. 2011.

第7章に関連する研究紹介

交通カウンセリングとストレスマネジメント

　広義の交通カウンセリングでは、予防的・適応促進的な面に着目をすることが重要であり、特に集団に働きかける方法の研究が必要である。この点から、最も関心を持った研究として、中井宏らの2014年の研究を紹介する。

　この研究では、バス乗務員を対象とした教育プログラムの開発の一環として、バス運行業務中の感情特性を自己理解するための教材作成を目指している。これは、適切なストレスコーピングを通じてネガティブな感情をコントロールすることが安全運転につながるという考えを基にしている。適切なストレスコーピングを通じたネガティブな感情のコントロールは、ヨーロッパ諸国の運転免許制度や運転者教育の基とされるGDE（Goals for Driver Education）モデルの4階層（下位から順に、車両の操作、交通状況への適応、運転の目的や文脈、人生の目的や生きる力）の最上位に位置づけられるとしている。

　研究Ⅰでバス乗務員31名に面接を行い、これを基に、研究Ⅱでは、42項目の業務ストレスに関する質問と20項目のストレスの影響に関する質問から構成された質問紙を作成し、バス乗務員313名を対象に調査を行っている。業務ストレスの因子分析では、第1因子から順に"他車の不安全行動に対する怒り""乗客からの苦情に対する苛立ち""定時運行への焦り""事故不安""乗車行為に対する苛立ち""乗車モラルに対する怒り"の6因子を、ストレスの影響の因子分析では、第1因子から順に"注意力への影響""接客対応への影響""車両操作への影響""他車関係への影響"の4因子を抽出した。ストレスの影響の4因子の得点を従属変数、業務ストレスの6因子の得点と年齢、経験年数を独立変数とした重回帰分析を行い、運行遅れへの焦りや事故不安が大きい者ほど認知的エラーを犯しやすく、特に経験年数の短い乗務員ほどその傾向が強いなどの結果を得ている。さらに、業務ストレスの得点を用いたクラスタ分析によって対象者を、全尺度得点が高く高ストレスのⅥ群、全得点が低くストレス耐性があるⅤ群、全体的に高得点で、中でも乗客関係のストレスと事故不安が高いⅠ群、定時運行への焦りと事故不安が高いⅢ群、事故不安と乗客のマナー違反を除いて得点が低いⅡ群、乗客関係のストレス尺度得点が突出して高いⅣ群の6群に分類した。これら6群と業務への影響の関係では、Ⅵ群が最も大きく、Ⅴ群が最も小さかった。注意力への影響ではⅡ群が大きいものの、接客や車両操作、他車との関わりに対する影響についてはⅣ群の方が大きい。これらの結果は、教育内容を個々人に応じて柔軟に対応させる必要性があることを意味している。

この論文の最後には、研究の成果を基に試作された"感情コントロール教育プログラムワークシート"が示されており、対処法として、ネガティブなことの捉え方を変えるリフレーミングと平静に戻るための言葉であるセルフトークを用いるのが特徴である。筆者らが述べているように、ワークシート作成までの手続きは他の対象者を対象とした教育プログラム開発にも応用可能であると考えられ、今後の展開が期待される。

文　献

中井宏・小川和久. (2014). バス乗務員の心理的ストレス反応の構造―感情コントロール教育のために―. 心理学研究第 85 巻第 4 号. 373-382.

第8章に関連する研究紹介

ミラーリング法

　ミッコネン（フィンランド）はコーチングを基本にしたミラーリング法を開発した。ミラーリング法は、自分を他者という鏡に映すことによって自分の姿を知ることで、自己成長を図るという考え方である。ミラーリング法は、教えようとする姿勢をなくし、自分の姿を自らが見ることによって正しい自己理解を行なえるように支援するところにその特徴がある。1997年にフィンランド中央交通安全局が主催して、このミラーリング法による教育が試みられた。

　具体的には、以下の行程で教育が行われた。
（1）材料の収集（教育前）：軍隊の9つの駐屯地を対象として兵士たちのシートベルト着用の状況と走行速度をチェックした。観察車両数は785台であった。
（2）自己評価と危険度評価：事故要因として「シートベルト着用」、「運転中の他者との競争」、「疲労運転」など9項目について、その頻度の自己評価を求めた。また、各要因が事故に結びつく可能性の評価を求めた。
（3）ディスカッション：例えば、「あなたは友人とどのくらいの頻度で運転しますか？他の人はどのくらいの頻度で仲間を乗せてドライブしますか？　仲間を乗せて運転する時の事故危険度は増すと思いますか？」といった質問を投げかけた。そして、客観的なデータも示した。"「しばしば友達とドライブすると答えた人は、75％のなかにはいります。そして、友達を乗せて運転するときの事故の危険性が増加すると考えるなら、あなたは少数者です（たったの30％です）。さて、友人とのドライブは安全にとっていいこと、悪いこと？」"といった質問をきっかけにディスカッションを開始した。

　このときのトレーナーの役割は司会役に徹することであった。トレーニングの基本的テーマは参加者を啓蒙することではなく、参加者に自分自身のなかにある危険要因を考える機会を与えることにあった。

　このキャンペーンの効果測定は、教育2週間後に兵士たちの運転行動を観察することで行われた。走行速度については、15キロ以上オーバーするドライバーの数が大幅に減少した。シートベルト着用については、改善の方向は見られたが有意な差はなかった。このことはそもそもシートベルト着用率が高いことがその理由と考えられる。意識面では、教育前では速度オーバーの危険度評価のランクはあまり高くなかった（15項目のうち12番目）が、教育後では第2位にランクが上がった。ミラーリングによる教育方法については

61％の肯定的な反応が得られた。「ミラーリングによって以前より自分の運転行動に注意が向くようになったかどうか？」、「注意が向けられるようになったとしたら、どこに？」、「その理由について？」たずねたところ、32％の参加者が運転ぶりに何らかの影響を感じている。そのうちの42％は走行速度、23％はシーベルト、14％は疲労運転についてであった。しかし残る3分の2は自分の行動変化を感じないということであった。その理由として「わたしはすでにそのことには気づいており十分安全運転を心がけている」いう答えであった。指導員の間でもミラーリング法は積極的な評価を受けた。忠告や啓蒙をしないということには賛同が得られた。ディスカッションの量も従来のキャンペーンに比べて盛んだったとの評価であった。

文　献

Koivisto, I. & Mikkonen, V. (1997). Mirroring method : Autraffic safety campaign without authoritative "right answers". Report from Liikenneturva v42.

第9章に関連する研究紹介

リスク知覚のタイミング

　交通のリスク心理学に関する興味深い研究として、少し古いが、Pelz & Krupat（1973）の「Caution profile and driving record of undergraduate males」という論文を紹介したい。正直なところ、この論文のタイトルはあまり良くない。これだけだとこの研究の面白さはほとんど伝わらないからである。実際の内容を見てみよう。

　この研究の実験参加者はミシガン大学の男子学生60名である。実験参加者はスクリーン上に映された運転席からの交通映像を見て、そこから感じた危険度をレバーによってリアルタイムに表現するように求められる。映像には6つの危険場面が含まれていた。現在のレバーのポジションはスピードメーターの位置に設置されたメーターに表示された。メーターのパネルには、安全―危険と書かれた両端と等間隔の10個の目盛が書かれていた。今から40年以上前の研究なので、実験参加者が操作したレバーポジションの推移はチャート紙に記録された。

　実験参加者は、過去1年間の事故歴と違反歴によって、無事故無違反の「安全群」、事故だけがあった「事故だけ群」、違反だけの人、違反と事故の両方の人を合わせた「違反または両方群」の3群に分けられた。

　実験者は、記録された危険場面のチャート紙から、A-Gの7つの指標を算出した。それぞれA：ベースライン、B：立ち上がりのタイミング、C：立ち上がりの角度、D：最大値、E：立ち下がりの角度、F：立ち下がりのタイミング、G：持続時間である。このうち、DとF以外は分散分析によって有意な主効果が見られており、その特徴を示したのが図1である。これを見ると、安全群はハザードに対して早く危険だと感じ、長いこと危険を感じ、最後まで警戒を緩めない。他の群は反応が遅かったり、早く警戒を緩めてしまったりするので、上昇・下降の角度が相対的に急である。

　これより前にも、ブレーキの反応の早さ（例えばCurrie, 1969）や皮膚電気反射（例えばTaylor, 1964）によって間接的にドライバーがリスクを感じる早さを問題にした研究はあったが、私が知る限りこの研究はドライバーが感じている主観的リスクを、時間という次元を含めた形で直接計測した最初の研究である。運転は短時間に次々と判断を迫られる連続的タスクである。したがって、リスクの大きさを正しく知覚するだけではなく、より早くリスクを感じる必要がある。研究の価値がタイトルから読み取れないのは残念だが、リスク知覚のタイミングを扱ったこの研究の意義は大きい。

第1章 各章に関連する研究紹介

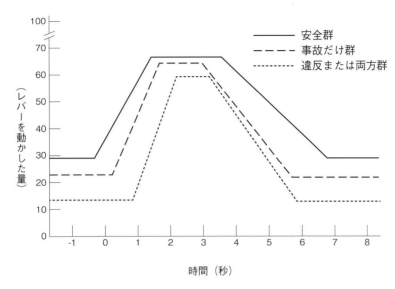

図1　実験参加者が感じたリスクの平均値
横軸のゼロは全実験参加者の反応開始時間の平均値

文　献

Currie. L. (1969). The perception of danger in a simulated driving task. *Ergonomics*, 12, 841-849.

Taylor. D. H. (1964). Drivers' galvanic skin response and the risk of accident. *Ergonomics*, 7, 439-451.

第10章に関連する研究紹介

交通行動での攻撃行動

　ドーブとグロス（Doob, A.N. & Gross, A.E., 1968）は交通場面での攻撃行動の研究を実施した。彼らは実際の道路を用いたフィールド研究を実施し、フラストレーション状態を人為的に発生させた上で、運転者によるクラクション行動を攻撃行動の指標として用いるなど、独創的である。

　彼らは実験者が乗った先行車を交差点で信号停止させた。そして、信号が青に変わっても12秒間車を発進させないで停止させておいた。この状況で、後続車の運転者が12秒以内にクラクションを鳴らすまでの秒数を後部座席の実験助手が測定した。

　この実験では、社会的地位を実験条件として、社会的地位が非常に異なると感じさせる2種類の実験車両を用いた。社会的地位の高いとされた車は新車のクライスラーであり、低いとされたのは中古のランブラーであった。これらの車を運転する運転者の服装も地位に合わせて変更した。

　クラクションを相手（前の車）への攻撃行動とみなした上で、攻撃行動が地位によって異なるかどうかを調べた。すなわち、高地位の場合には攻撃行動は抑制され、低地位の場合には攻撃行動が促進されると仮定した。

　結果として、前の車が中古のランブラーである時よりも新車のクライスラーの場合の方が、後続の運転者が警笛を鳴らすまでの時間が長かった。図1の通り、後続車の運転者が男性の場合、地位が低い相手（ランブラー）に対しては平均6.8秒しか待てないのに対して、地位が高い相手（クライスラー）に対しては8.5秒待った。女性の場合、低地位で7.6秒、高地位で10.9秒となり、傾向は同じであり、全体として男性よりも長い時間クラクションを鳴らさずに待つ傾向を示した。

　クラクションを鳴らすかどうかで見ても、先行車が高地位の場合、鳴らす比率は被験者全体の50%であるのに対して、地位が低い場合には84%であった。つまり、地位が高い場合には、約半数の後続車の運転者が12秒間、クラクションを鳴らさずに我慢していることになる。地位水準の高さがクラクションを鳴らすという行動に対して制御効果を持っていると彼らは結論付けている。

　Doobらの研究は、その後のターナーら（Turner, C.W., Layton, J.F. & Simons, L.S., 1975）による攻撃行動への不可視条件の影響等の研究の流れを作り、道路上の攻撃行動への契機となる研究であった。交通状況という現実場面で多くの攻撃行動がなぜ発生するの

訂正表（交通心理学入門）

本文 25 頁の図に誤記がありました。正しくは下記の図です。

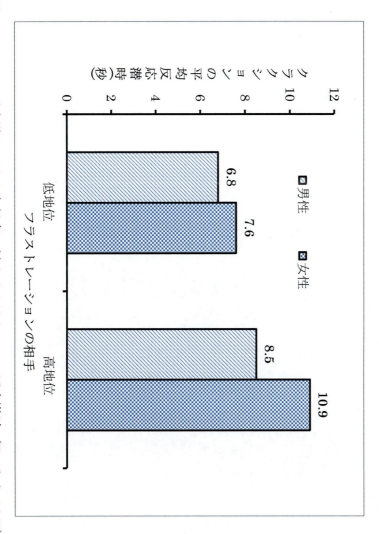

図1 フィールド実験における先行車に対するクラクション反応潜時（Doobら, 1968）

か、そのメカニズムをめぐって多くの研究が実施されており、パイオニアとしての価値が高い研究である。

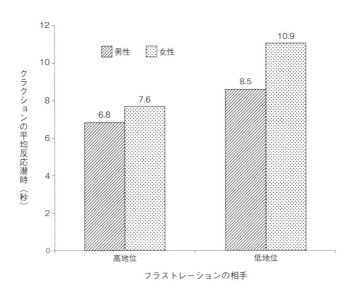

図1　フィールド実験における先行車に対するクラクション反応潜時（Doobら,1968）

文　献

Doob, A. N. & Gross, A. E. (1968). Status of frustrator as an inhibitor of horn-honking responses. *Journal of Social Psychology,* 76, 213-218.

第2章 ドライバーの応答特性

1　交通心理学の目的と対象

　交通心理学は運転者、自転車乗員、および歩行者を含めた道路利用者の特性を心理学的に研究し、事故低減に寄与しようとする学問分野である。
　元交通心理学会会長である宇留野藤雄（1972）は交通心理学の研究内容として、
(1)　事故の人的要因の分析
(2)　個人差と運転行動（性格、年齢、性差など）
(3)　運転と心身機能（視機能、アルコールの影響など）
(4)　運転者の不適格因子の評価（適性）
(5)　歩行者の交通行動
(6)　緊急事態における道路利用者の反応と教育・広報
(7)　道路利用者の生涯教育システムの開発
(8)　情報提供システム
を挙げている。
　近年の高齢化に伴い、高齢ドライバーの教育や先進安全自動車の発展による新たな情報提供システムに関係するマンマシンインターフェイスの問題、自転車による人身事故への対策など、交通心理学が解決しなければならない課題は山積している。
　もちろん、道路交通は自動車－人間－道路からなるシステムなので、交通心理学も人間を中心として、自動車工学、道路交通工学などの他の学問領域との連携を必要としている。
　本章では、交通に関わるドライバーの知覚と反応および事故の人的要因に関して述べる。

2　道路交通におけるドライバーの応答特性

　自動車運転に代表される人間－機械－環境系の中で、人間が最も信頼性が低いと言われており、事実、事故発生の責任の大半はドライバーに帰されている。そのなかでも、認知、判断の誤りによる事故、つまり情報の獲得および処理の誤りによるものが80％以上を占めている（Treatら、1975）。これに対し、自動車側から予防安全のため種々の対策が高度道路交通システムあるいは先進安全自動車の研究を中心に盛んに行われているが、現状では運転に必要な情報の知覚や判断、操作といった基本的機能のかなりの部分は、ドライバーの能力にまかされている。本節では、運転におけるドライバーの知覚と反応について述べる。

1　ドライバーの応答特性

　人間の刺激に対する反応には生理的レベル、行動的レベルおよび意識的レベルの3段階がある。膝蓋腱反射、脊髄反射などは生理的レベルにあたり、人間が意識しない反応であ

る。行動的レベルとは、認知、判断、動作などを含み、知覚-動作反応と呼ばれる段階である。意識的レベルは、情緒的反応（喜び、悲しみ、怒りなど）や思考といった精神的活動の段階である。車の運転では、ドライバーは外部環境からくる情報刺激を知覚し、それをもとに判断し、適切な動作を行う。したがって、運転で行われる反応の多くは、知覚-動作反応と言うことができる。

ドライバーが認知した情報が脳に伝わり、さらに脳からの命令によって動作が起こるまでの時間を反応時間（reaction time）といい、人間がシステムの中心にあり、全体をコントロールするような自動車の運転では、最も重要な制御能力のひとつである。反応時間は使われる感覚のモダリティや信号の特性（大きさ、強さ）、複雑さ（個数、明確度）、頻度、予測情報の有無、使用される身体部分の応答特性などにより左右される（Morganら、1963）。

光や音に対する単純反応時間は200ミリ秒程度であり、20歳代が最も速く、10歳の男子で300ミリ秒、60歳男性で500ミリ秒程度である。また、女性は男性に較べ反応時間が遅い。

停止行動は一般に、①反射時間（0.4秒）、②踏み替え時間（0.2秒）、③踏み込み時間（0.1秒）、④制動開始、⑤車両停止に分けられるが、このうち①、②、③のプロセスをブレーキ反応時間という。ここで、信号が出てからブレーキが効き始めるまでは、いわゆる空走状態となる。室内実験では0.639秒（大久保、1960）、テストコースでは0.68～0.93秒（近藤、1965）という値が得られている。しかし、上記の値は室内実験で求められたものであり、アメリカでは、知覚に1.5秒、反応に1秒、合計2.5秒を制動距離の設計に用いており、我が国の「道路構造令」もこれに準じている。

実路上を運転中、ブレーキをかけるのに要する時間は、中央値で0.66秒、もっとも遅いドライバーは2.00秒の反応時間を必要とした（Johansson and Rumar、1971）。また、ドライバーが予期していない事態では、平均で0.19秒の反応の遅延がみられた。

ところで、事故多発者は、情報処理能力にも問題点があるという。人間の情報処理能力をはかる一つの方法として、個人の選択反応時間から単純反応時間を引いた残りの時間をその人の情報処理能力とするものがある。単純反応での応答は、あらかじめ決められた一つの信号への反応であるから、その過程には選択、判断の要素はない。それに対し、選択反応はいくつかの信号の中から対応した信号を選択、判断し、さらに対応した応答をしなければならない。Fergenson（1971）はその点に着目し、反応時間のうち判断に使われる時間から事故群と無事故群の差を検討した結果、表2-1に示すように無事故で違反の多

表2-1　事故ドライバーと無事故ドライバーの情報処理能力の比較（bits/sec）（Fergenson, 1971）

事故＼違反	無違反群	違反多発群	全体
無事故群	26.09	38.67	32.38
事故多発群	21.13	15.69	18.41
全体	23.61	27.18	25.40

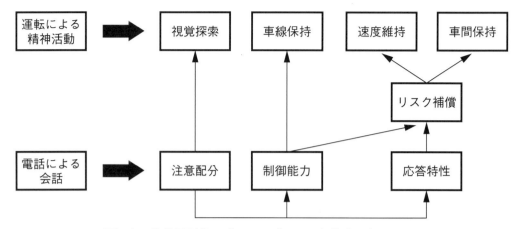

図2-1　運転中の携帯電話使用がドライバーの運転作業に与える影響の模式図

い群が、もっとも情報処理の速度が速かった。

こうしたドライバーは、おそらく非常にスピードを上げたり、車間距離をいっぱいに詰めるといった、一般的なドライバーよりかなりきわどい運転を常にしていると考えられる。しかし、それでも事故に至らなかったのは、彼らのすぐれた情報処理能力によるものであろうと指摘している。

自動車運転中に他の作業を行えば、反応時間が遅延することも大きな問題である。近年の携帯電話の使用が事故の要因になっていることはよく知られている。これは二重課題事態であり、運転のみの場合に比べて反応時間は遅くなる（Ishida and Matsuura、2001）。また、ハンドルの振れ角も大きくなる。さらに、リスクを補償するため車間距離を開け、速度も遅くなる。図2-1は携帯電話使用時の運転行動を模式的に表しているが、都市内での混雑した道路では、そうした運転行動が制限されるため、危険な運転となってしまうことが予想される（注1）。

ドライバーの反応時間は、自動車運転のようなシステムの中心に人間がいる場合には特に重要である。一瞬の反応の遅れが事故に結びつく。Metzler（1988）は、ダイムラー・ベンツが行った事故類型と衝突速度についての調査研究から、ドライバーが危険を認知してから衝突回避操作を行うまでの時間を0.5秒減少させれば、追突事故で60％、交差点事故で50％、正面衝突で30％事故の確率を低減させることができ、1.0秒減少させれば、追突事故と交差点事故で90％以上、正面衝突では60％以上の衝突は回避できると指摘している。

(注1)　A、Bの2種類の作業があり、どちらの作業もチャンネル容量（Total Channel Capacity、TCC）以下で行われている場合、どちらの作業が精神的負担が大きいか直接知ることはできない。その場合、二つの作業に同様な付加作業を課し、付加作業のエラー率の違いや反応の遅れにより、精神負荷を推定する方法を二重課題法という。例えば、二輪車と自動車の運転はどちらの負荷が高いかを比較するため、同じコースを運転させ、同時に暗算問題などを解かせ、問題の正解率を比較するといったことが考えられる。携帯電話の使用も丁度これにあたる。

2 視覚機能の特性

　走行中、ドライバーは必要な入力情報のほとんどを視覚により得ている。しかし、運転中の見え方は静止している場合と異なり、道路環境や速度、交通量などに大きく影響される。ドライバーは多くの環境刺激の中から必要な情報を選択、抽出し、さらに他車との相対速度、距離など高度な知覚判断を瞬時に、また連続的に行うことが要求される。

　視対象の細部を見分ける能力を視力（visual acuity）という。視力は見分け得た最小の大きさの逆数で表され、視角1′の大きさが見分けられた場合、視力1.0とする。通常、視力は中心視で測られるが、視野の周辺にいくに従い急激に低下する。側方に2度離れると視力は約1/2となる。

　我が国の運転免許試験では、両眼の静止視力で大型及び二種免許は0.8、普通免許は0.7という基準がとられている。しかし、静止視力と事故の関連は多くの研究が行われてきたが結果は一定ではない。それに対し、動体視力（横方向の動きを知覚する視力、DVA）は事故率との関連が指摘されている（Shinar、1985）。しかし、これも事故群と優良群で差がないという報告（大阪交通科学研究会、1969；長山、1977より引用）もみられる。

　眼を動かさずに見える範囲を視野（field of vision）という。単眼で、直前方の一点を凝視したとき、上方約50度、下方約70度、左右それぞれ約100度の範囲が見える。両眼での視野は約200度で、そのうち色彩まで確認できるのは、左右それぞれ35度までである。注視線から視角2度の範囲は視力が最も鋭い部分で、中心視（central vision）といわれる領域である。その外は周辺視（peripheral vision）と呼ばれる。また、動的な事態で、注視点の周辺の情報を発見できる範囲を有効視野（functional visual field）という。Miura（1987）は交通要件の増大に伴って有効視野が狭くなることを見出しており、混雑した道路では注意が狭く深くなり、空いた道路では広く浅くなるという。

　さらに、周辺視の役割として、ドライバーが路面や景色の"流れ"を捉えながら、進行方向が正しいかどうか判断し、更に走行している道路に進入してくる歩行者や自動車の動きに備える。実路において、視野を段階的に制限した研究では、速度感に対する視野の大きさの効果が確かめられている（Osaka、1991）。このことから、"流れ"を捉えることにより速度を推定していることが示唆される。

　道路交通場面において、色彩は信号灯、標識をはじめ、運転席の計器類などの視認性と関連し重要である。人間が色として感じることができるのは電磁波の一種の可視光線である。その波長はほぼ380〜780ナノメートルである。色彩には明度（value、目に感ずる色の明暗の度合い）、彩度（chroma、色彩の鮮やかさの度合い）、色相（hue、色合い）の三つの属性がある。背景色と視標の間で、この3属性の差が大きいほど視認性が高く、明度差が最も大きく影響することが知られている。

　種々の環境条件下で、約4.5kmの遠距離から点色光の視認性を検討すると、赤はどの条件下でも最も視認性が高く、以下アンバー（橙）、白、緑は晴天、曇天、雨、雪などの外部条件によりその順位が変わる（Wulfeckら、1958；Conolly、1966より引用）。CIE（国際照明委員会）では、あらゆる種類の交通機関に用いる信号灯の色光の種類および色度範囲を勧告しており、各国の諸規格はこの範囲で定めることが要望されている（日本色彩学

会、1980)。

視力は照度に大きく左右され、夜間は昼間の1/2になると言われている。実際の交通場面でも、走行距離当たりの事故発生率は昼間より夜間のほうが高いことが知られており、これは照度不足による視力低下が一つの原因として考えられている。また、眼には明るさに応じて感度を変化させる働きがある。明るい所から急に暗い所へ入った場合、最初周囲が見えず、やがて慣れてくると見えてくる（感度が高くなる）場合を暗順応という。逆に、暗い所から明るい所へ出た場合（感度が低くなる）の現象を明順応という。暗順応を時間経過で見ると、最初の数分間は急激に低下し、その後ゆるやかとなり、さらに時間が経過すると再び急激となり、30分ほどで一定となる。昼間、トンネルに入った場合、この暗順応が追いつかず、視力が低下し運転しにくい。トンネル内部の照明は入り口部で明るく、基本部では次第に暗くなるように配置されており、ドライバーの順応を助けている。

また、薄暮時には網膜の二つの細胞（錐体と桿体）が同時に働き、その調和が不完全のため像が網膜の中心にはっきりとらえられず、視力も低下する。これを薄明視と呼ぶ。夕方に事故がやや増えるのは、交通量のほか、視機能も関係すると言われている。

視野内に非常に明るい光源があると、目の前にベールがかかったようになり、暗い視対象が見えにくくなる。これを視覚低下グレアあるいは減能グレア(disability glare)と呼ぶ。グレアを左右する条件は以下の通りである（照明学会、1966）。

① 周囲が暗く、眼が順応している輝度が低いほど、
② 光源の輝度が高いほど、
③ 光源が注視線に近いほど、
④ 光源の見かけの面積が大きいほど、また数が多いほど著しくなる。

視角低下グレアを表す光幕輝度は、一般に次式で表現される。

$$LG = K \cdot Ev / \theta^n$$

ここに、LG：光幕輝度（まぶしさ光の強さ、cd/m^2）、
　　　　Ev：まぶしさを受けている目の角膜照度（lx）、
　　　　θ：光源と視角のなす角度（°）、
　　　　K、n：定数

定数Kはグレア光に対する感受性で、視対象の大きさ、提示時間のほか、観測者の年齢によっても変化する（Fisher & Christie、1965）。またnは光学的構造を反映する角特性と考えられ、おおむね1.5～2.5の範囲にある。

夜間、対向車の前照灯にさらされると、この視角低下グレアのため前方が見にくくなる。観察車がすれ違いビームで単独走行している場合、ドライバーが視認しうる路面範囲は40～60mであるが、100m前方に対向車がある場合、40～50mと小さくなる。またさらに、対向車ランプの接近に応じて視認距離はより小さくなる（Mortimer、1976：横井、1980）。

眩惑による視力低下は、光源から目をそらすことである程度防止できるが、光学的には道路照明の改善、防眩網の設置、前照灯の配光改善やアダプティブ・ヘッドランプの採用などが対策として挙げられる。また、眩惑と関連し、対向車ランプの眩惑により道路上の歩行者などが見えにくくなるいわゆる蒸発現象と呼ばれるものがあり、夜間の歩行者事故

の大きな一因であると言われている(末長、1970)。

3 距離と速度の知覚

ドライバーが行う知覚判断のなかで、車間距離の判断は最も難しいといわれている。車間距離が増大するに従い、また速度が増加するに従い、車間距離は過小評価される傾向がある(Rockwell、1972)。

また、車間距離変化の知覚は、ウェーバーの法則(Weber's law)に従うことが報告されている(Mortimer、1970)。

$$\varDelta H = kHi$$

ここで、$\varDelta H$：車間距離変化を知覚できる最小変化距離
Hi：初期車間距離
k：定数

定数kは経験的に0.1〜0.2の間と決められている。すなわち、はじめの車間距離が100mの場合、先行車との距離が変化したと気づくためには、10〜20mの相対距離変化が必要となる。

Denton(1966)は、速度計を使わずに一定の速度から、その速度の1/2、等倍および2倍の速度で走行するようドライバーに指示した場合の判断のズレを検討した。ドライバーは減速の場合は常に指示された速度よりも速く、加速の場合は逆に、速度を遅く調整することが示された。Evans(1970)は助手席の被験者に対し、通常、視覚遮断、聴覚遮断および視覚と聴覚遮断の4条件で速度評価を行わせた。通常の場合、設定速度が30mphまでは過小評価、それ以上の速度域ではほぼ実際の速度に近い評価であった。視覚遮断条件では低速域で過小評価、高速域で過大評価をした。聴覚遮断条件では全ての速度域で過小評価し、視覚、聴覚とも遮断した条件ではさらに過小評価することが明らかになった。

また、高速道路などで長時間運転していると、主観的速度はかなり低下することが知られている(Schmidt & Tiffin、1969)。したがって、ドライバーは計器による速度チェックを習慣づける必要があるが、一般にドライバーはスピードメータでの速度確認をあまり行わないことが指摘されており、その防止のために、道路に指数関数的に狭くなってゆく横縞を描くことが正しく速度を落とさせることに効果があるという(Denton、1971、1973)。速度の判断も距離感同様、人間にとっては難しい作業と言える。

3 交通事故の人的要因

事故は、大別すれば組織事故と個人事故に分けられる(Reason、1997)。その中で交通事故は個人事故の典型であり、多くの場合、交通事故の原因はヒューマンエラーに起因すると言われている。一般的にヒューマンエラーはシステムの要請した行為から逸脱した行為を指し、その結果として不本意な結果や不本意な結果を防ぐことに失敗することである。ヒューマンエラーには、定められた手続きを実行しなかったオミッションエラー(省略エ

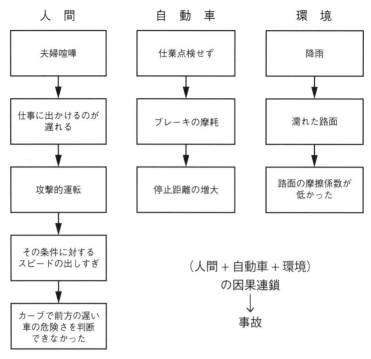

図2-2　人間―自動車―環境系の因果連鎖の一例（Fell, 1976）

ラー）、実行したが不確実であったコミッションエラー（実行エラー）といった分類や認知科学で用いられている不安全行動の分類がある。リーズンは、不安全な行動には意図しない行動と意図した行動があり、前者は行為の実行時の誤りであるスリップと記憶の誤りであるラプス、後者には知識の不足や欠如によるミステークと違反行動があるとしている。

　心理学におけるヒューマンエラーの研究は、近代の心理学が発足した当時から関心を寄せられていたが、認知心理学の発展により大きく前進した。NormanのATSモデル（model of an activation-trigger-schema system）を基礎としたスリップとミステークの分類に始まり、Rasmussenの行動をスキルベース、ルールベース、知識ベースの三階層に分けたSRKモデル、およびエラーが三階層の認知過程のどの部分で発生したかを示すReason（1990）の包括的エラーモデリングシステム（Generic Error Modeling System、GEMS）などが代表的である。しかし、SRKモデルやGEMSは主に原子力発電所等におけるオペレータのエラー分析から得られており、交通分野への適用がそのままでは困難な部分もある。

　道路交通システムは主に道路使用者（運転者と歩行者）、自動車、環境の3要因により構成されているが、自動車事故は、この3要因が複雑に関係しあって発生する。過去の事故要因の分析的研究によれば、人間単独、あるいは人間と環境の絡み合いにより、半数以上の事故が発生しているという。したがって、事故発生のメカニズムを知り、その対策を進めるためには、事故と関係する道路使用者の特性を明らかにした上で、事故にかかわる要因を検討する必要がある。本節では、交通事故の人的要因について、事故要因の分類と背景となる人間の状態について述べる。

第2章 ドライバーの応答特性

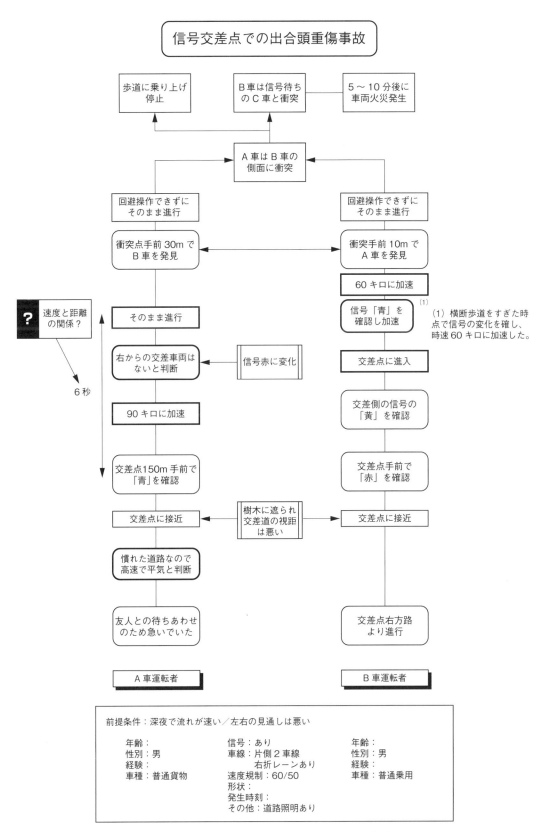

図2-3 バリエーションツリー法による交差点事故の分析例

表 2-2　三段階調査における事故の直接的原因（Treatら, 1975）

	事故の直接原因
非事故	・自殺 ・故意の事故
臨界的非動作	・意識喪失
認知の誤り	認知の遅れ（理由有り） 　・不注意 　・内的注意散漫 　・外的注意散漫 　・不適切な注視 認知遅れ（他の理由または理由不明）
意志決定の誤り	・誤判断 ・誤った仮定 ・不適切なマヌーバー ・不適切な運転技術 ・不適切な防衛運転 ・過度のスピード ・異常接近運転 ・不適切なシグナル ・ヘッドライトの誤点灯 ・過度のアクセル操作 ・歩行者の飛び出し ・不適切な回避 ・その他
操作（行為）の誤り	・不適切な方向コントロール ・パニック（硬直状態） ・過補償 ・その他

1　交通事故要因の分類

　運転行動（driving behavior）の背景には事故に結び付く様々な心理的要因が含まれている。図2-2は、事故発生に関与する、人間-自動車-環境系の要因を因果関係の連鎖（causal chain）により示したものの一例である（Fell, 1976）。この因果関係の連鎖は、直前のステップが原因となり、次にまた新たな結果を生じ、やがて事故発生に結び付くことを示している。因果連鎖の最後のステップは、事故の直接的原因である。ここで、仮定した事故の原因は、スピードの出し過ぎによる判断ミスと分類できるが、一つの事故の背景には、種々の要因が働いていることが理解できる。因果連鎖を考慮した分析の方法は多くはないが、因果連鎖を考慮したバリエーションツリー法による分析方法が提案されている（石田、2000、神田・石田、2001）。この方法では、通常と異なるドライバーの行動を変動要因と呼び、時系列的に記述した要因の中から原因を探るものである。図2-3は、交差点事故の分析例を示す。

第2章　ドライバーの応答特性

　事故の直接的原因として、認知・判断・操作の誤りは高い割合を占めている。また、ドライバーにこれらの誤りを誘発させる要因として、二つのものが考えられる。一つは、不注意、スピードの出過ぎ、車間距離不保持といった、ドライバーの行動的側面のエラーである。もう一つは、ドライバーの身体的・生理的状態、精神的・情緒的状態、年齢、経験などの内在的要因である。飲酒、疲労、道路への不慣れなどがこれに当たる。どちらの要因もドライバーの運転行動に大きな影響を与え、事故につながる要因である。

　事故原因の分類は目的に応じて多く提案がなされている。例えば、警察庁の交通統計で人的要因についてみると、道路利用者の違反行動が分類の中心である。これは、事故関係者の過失を問うという目的のためには良い方法かもしれない。しかし、分類のための判断基準が公表されていないため、データの利用の点から問題がある。それに対し、表2-2に示したTreatら（1972）の直接的原因の分類は系統的に事故要因を分類していると同時に、その判断基準が詳細に述べられており、利用価値が高い。

2　事故の直接的原因

1）認知の誤り

　運転に際しての知覚の役割の重要さは、いまさら言うまでもない。いわゆる"わき見運転"に代表される、必要な情報を認知するのが遅れたために起こる事故は、全事故の約半数にものぼる。Treatら（1972）が行った事故要因の分析結果によれば、認知の誤りによる事故は48.1％に達し、他の原因よりも大きな割合を占めている。また、英国道路交通研究所（TRRL）が行った1970年から1974年にかけての大規模な事故調査結果でも、知覚的誤りの比率は44％に上っている（Hill、1980より引用）。ただし、TRRLの調査では、知覚的誤りは注意散漫、不注意、解釈の誤り、見誤り、速度と距離の誤判断が含まれており、Treatら（1972）の分類とは異なっている。

　平尾（1971）は、車対歩行者事故66件、車対車事故39件の計105件の事故について、走行速度と発見距離の関係を詳細に検討した。停止距離を空走時間1秒、摩擦係数0.75として検討すると、85件の事故は相手を発見したときには対処のしようがない、すなわち認知の遅れによるものであり、20件は適切な判断と操作があれば防ぎえたものであった。また、事故は速度と関係なく発生しており、低速でも相手の発見が遅れれば、重大事故が発生することを示している。

　カーラジオや携帯電話、車外の看板などに気をとられたり、注意不足により危険を見過ごすといったことは、ほとんどのドライバーが時折経験することである。したがって、認知の誤りは知覚機能のみの問題ではなく、注意配分や危険をとらえる姿勢といった心的側面の問題とも考えられる。

2）判断の誤り

　運転における判断とは、認知した情報を処理し、意志決定をするプロセスである。ドライバーは、前車との車頭間隔や速度を調整し、追越し、合流などの決心をする。しかし、あらゆる状況に対し、常に正しい判断を下せるドライバーはいない。車頭間隔についての判断のあいまいさは、その良い例であろう。また、判断の誤りは"相手が避けるだろう"、"対

表2-3　三段階調査における人的要因の分類（Treatら，1975）

事故の原因となる人の状態および状況		
身体的・生理的	精神的・情緒的	経験・危険を受ける度合い
アルコールによる機能低下	情緒的混乱	運転者の経験の浅さ
他の薬物による機能低下	他の運転者からの圧力	車への不慣れ
疲労	急ぎの気持ち	道路への慣れすぎ
疾病	精神的欠陥	道路不慣れ
身体的ハンディキャップ		
視力低下		

向車は来ないだろう"といった甘い予測と、自分の技量を過信したり、自動車の運転特性を無視した、不適切な操作が大きな要因として考えられる。毎年、警察庁が発表する交通統計による事故の第1当事者の違反別交通事故発生原因として、最高速度違反、車間距離不保持、交差点の徐行違反など、ドライバーの判断の誤りに起因する事故は高い比率を占めている。

　判断の誤りによる事故は、ドライバーが考える主観的な危険感（risk）と、実際の危険（hazard）の間にギャップがある時にも発生する。判断の過程には、知能、知識、経験などを背景とした予測体系と、自分がどのような行動をとりたいかという動機、欲求などの価値体系がある（長山、1968）。運転経験や年齢と事故発生の関係は、最も良くこれを表している。また、態度、適性などが、この背景として考えられよう。

3）操作の誤り

　操作の誤りに起因する事故は、認知や判断の誤りによるものと比べ、その発生率は低い。しかし、自動車が"機械"であり、人間がそれを操縦する以上、必ず起こる事故である。

　操作の誤りは、一般に女性ドライバーに多いと考えられている。Storie（1977）は、前述した英国の道路交通研究所（TRRL）が行った事故調査をもとに女性ドライバーの事故要因を検討した。操作の誤りによる事故の発生率は、確かに女性ドライバーの方が、男性ドライバーに比較して有意に高かった。しかし、女性ドライバーは、男性ドライバーに比べ、年間走行キロ数は明らかに少なく、また、自分専用の車を持たず、家族共用の車両への不慣れなどが事故の要因として考えられると述べている。

　運転技能の不足や、車の操縦特性の理解不足が多少あっても、通常の運転事態では事故につながるとは限らない。宇留野（1963）は、職業ドライバー（無事故者103名、事故者173名）を対象に、防衛運転の態度と緊急時の運転技術の関係を検討した。防衛運転に対する態度は、無事故者群の方が優れていた。しかし、危機事態に対する運転技術の知識は、事故者群、無事故者群ともに低い水準で、両群に差は見られなかった。特に、人を輸送するタクシー運転者の、それも無事故者群に、緊急事態に対する基本的技術の知識のないものが30～40％もいた。知識がなくても無事故であった理由として、危機事態に入らないような知識や防衛態度が指摘されている。

3 事故の人的背景

ドライバーの運転行動に影響を与え、事故を引き起こす背景となる人間側の状態には、数多くのものがある。黒田（1997）は人間行動に影響する要因として、生理学的要因（Physiological Factor）、身体的要因（Physical Factor）、心理学的要因（Psychological Factor）、病理学的要因（Pathological Factor）、薬学的要因（Pharmaceutical Factor）、社会心理学的要因（Psychosocial Factor）の6つのPを挙げている。これらは、事故要因の分類においては背景要因、あるいは間接要因と呼ばれるものに相当し、事故に至らなくても運転行動に常に影響を及ぼしている。

こうした要因の分類は、それぞれの研究者の興味や立場により多少異なっている。表2-3は、Treatら（1972）の事故調査の要因分析に採用されている分類である。これらの要因は、スピードの出し過ぎや車間距離の不保持と同様、これのみでは事故につながらない。例えば、飲酒運転で事故を起こした場合でも、直接原因は、アルコールの影響により運転に必要な機能が低下し、認知、判断あるいは操作を誤ったためと考えられる。以下に、高い事故率を占める背景要因について述べる。

1）アルコールと事故

飲酒運転による事故発生率は、警察庁の交通統計によれば、全事故の1％前後である。しかし、死亡事故のみを見ると、その構成率は7％前後で、わき見運転や最高速度違反と並んで、事故の重大性が非常に高い。

飲酒による心身機能の変化を見ると、一般にまず情動が不安定となり、次いで知的作業能力、感覚知覚機能が低下し、更に運動機能に障害が起こる。比較的少量の体内アルコール濃度の場合でも、心身機能への影響がみられる。単純反応時間などの運動機能は、正常時よりもむしろ短くなる傾向があるが、選択反応時間など判別、弁別能力を必要とされる作業の成績は低下し、注意配分テストの成績も低下する（宇留野、1960、1972）。また、正常時と飲酒後の運転操作を比較すると、正常時に比べ、飲酒時ではアクセル操作の振幅が2倍以上になり、速度を出しすぎる傾向があるという（末永、1970）。さらに、疲労している場合にはよりアルコールの影響を受け、標識の視認距離が低下するという（Hicks、1976）。

Moskowitz & Robinson（1987）は、パフォーマンスに対するアルコールの影響を検討した557の文献から、血中アルコール濃度（blood alcohol concentration, BAC）が特定可能であった159の研究をもとに、以下の9つのカテゴリーに分け、その効果をまとめている。

1．反応時間：理由は不明であるが、他の測度より大きい変動を示した。
2．トラッキング：28のトラッキングに関する研究のうち15が0.05％のBACで機能低下を示した。
3．ビジランスあるいは注意集中：0.05％以下のBACで機能低下を示す研究はなく、最も敏感でない変数の一つである。
4．注意配分：被験者は彼らの注意を必要とする多重課題を行った。0.02％のBACで機能低下が報告され、0.05％かそれ以下で60％の研究が機能低下を報告している。

5．情報処理：相対的に低い BAC で低下することを示した。機能低下を報告している研究の 75％は 0.08％かそれ以下としている。
6．視機能：これらは検眼医により測られるような機能と関係し、より複雑な情報処理を伴うパフォーマンスを対象としたものではない。結果は、網膜の働きが最もアルコールによる影響を受けにくく、眼球運動は低濃度のアルコールに対しても非常に敏感であることを示唆した。
7．知覚：聴覚、錯視などが含まれる 21 の研究では、一般的に 0.08％まではアルコールに対し特に敏感ではない。
8．精神運動技能：精神運動機能に関する 29 の研究の大部分が 0.07％かそれ以下の BAC で機能低下を示すことを確かめたが、いくつかは 0.05％かそれ以下で機能低下を報告した。静止立位を含む技能的運動パフォーマンスおよび協応動作を求められた作業では、低い BAC で機能低下を示すようである。
9．運転：シミュレータおよび路上でのテストによる 22 の研究結果は様々であった。

　事故類型別に飲酒運転による事故の特徴をみると、全事故に比べ、工作物への衝突、路外への逸脱などの単独事故と対向車との正面衝突が多い。これらの事故形態は、飲酒による判断力の低下や対向車のヘッドライトによるグレアからの回復時間が遅れるといった視機能の低下を裏付けるものであろう。

　当然のことながら、飲酒量が増えると事故に遭遇する確率も増加する。長山（1979）は血中アルコール濃度と事故の危険度を検討したフロイデンベルグの研究を紹介しているが、それによると正常時に比べ、0.05％の血中アルコール濃度のドライバーは 2.53 倍、0.15％では 16.21 倍と急激に事故への遭遇率が増大する。

　飲酒による事故の特徴を挙げると、以下のようになる（宇留野、1972）。
・静止物件、つまり安全地帯や電柱などに衝突する。
・駐車中の自動車などに衝突する。
・対向車の眩惑から視力の回復が遅れるので、対向車と正面衝突する。
・道路を見誤って路外に転落する。
・夜間に多い。特に都市の周辺で午後 10 時から翌朝 2 時頃までに発生する。
・重大事故になり、致死率が高い。
・飲酒後約 30 分から 60 分以内が 60％を占めている。

　アルコールがこうした心身機能に影響を与える最低の血中アルコール濃度は、個人により異なるが、法令的に酒酔い運転の基準は、2002 年より 0.03mg/ml（呼気アルコール濃度で 0.15mg/l に相当）と定められている。

2）疲労運転と事故

　疲労は、身体疲労と精神疲労とに大別できる。精神疲労はまた、頭脳労働や高度な精神作業による精神疲労と精神負担や情動ストレスによって引き起こされる神経疲労とがある。運転疲労は、この神経疲労の典型とされている。更に、橋本（1973）によれば、運転作業は以下のような要因のために疲労が助長されることが指摘されている。
・狭い車内で一定の姿勢を長時間にわたり強制される。
・道路交通法があり、勝手な走行が制限される。

・運転時間(勤務時間など)による拘束を受けるなど、ドライバーに対する空間的・時間的な各種の拘束条件がある。

運転疲労の症状としては、眠気、注意力の低下あるいは狭窄、自覚的疲労などが挙げられる。高速道路などで運転が単調になると、疲労と同じような現象が起こるが、これは仕事が大脳の活性化に結びつかないために発現してくる心身の変調現象と考えられている(橋本、1973)。

ドライバーが走行中に受ける作業負担の原因となるものは数多い。谷島ら(1971)は、テストコースでの昼夜連続走行時のフリッカー値、血圧、自覚的疲労度を測定した。血圧は運転時間による影響は少ないが、大脳皮質の活動レベルを反映するといわれるフリッカー値は夜間において突発的に大きく変動し、それに伴い自覚的疲労度も増加した。一般的な身体機能は運転時間に比例し徐々に低下するのに対し、神経系が関与した機能は、運転時間による緩やかな機能低下よりも突発的な異常値を示してくることが多い。こうした大脳皮質の活動の低下は、眠気や認知力、判断力の低下と結びつくので運転という作業にとっては非常に危険である。

運転疲労を計測する方法は種々あるが、代表的なのはフリッカー値、心拍数、脳波および眼球運動である。運転時のフリッカー曲線は、作業開始直後の機能の高まった状態では上昇し、時間の経過と共に低下するのが一般的である。また、一般に運転中のフリッカー値が平常の5%以上低下した場合は注意を要するといわれている。心拍数(脈拍数)は、普通、一過性の強い刺激に対して急激な増加反応を示すほか、一定の緊張レベルを保つ場合にもある程度の増加が認められる。脳波は大脳皮質における微弱な電気活動(最大100 μV 程度)をとらえるもので、大脳における精神活動を検討するための最もよい指標である。閉眼安静時には、10Hz前後の振幅の大きい規則的な波が現れる。眼を開けたりいずれかに集中した時には、振幅の小さい13～30Hzの速い周波数の波が出現する。脳波パターンは意識水準と非常によく関連し、ヒューマンエラーの生起確率の指標ともされており、橋本(1984)はこれをもとにフェーズ理論を提唱している。

しかし、運転中の脳波は10～20μV程度と非常に微弱で、種々のノイズが混入しやすいため、テレメータを利用するなどの配慮が必要である(黒木・石田、1974)が、最近の技術の進歩により、比較的手軽に計測できるようになってきた。

眼球運動の測定法には、ビデオ等による直接観察法、電気的方法(EOG)および光学的方法(アイカメラ)などがあるが、運転疲労の計測では、長時間にわたり計測することが求められるので、一般に直接観察法あるいはEOG法が採用されることが多い。眼球運動回数は緊張により増加し、意識水準が低下すると減少する。また、眼球運動中のまばたき成分は、眠気の進行とともに変化し、①まばたき頻度の増加、②まばたき時間の延長、③閉眼、という段階を経て居眠り運転へと進む。この現象を用い、覚醒水準を定量化した研究(保坂・渡辺、1983)では、まばたきが群発した際に警報を与えることが居眠り防止に有効であるという。

3) 運転経験・年齢と事故

年齢と事故の関係は、第1章で述べたようによく知られている。若年運転者は一般に運転経験が浅いことから、年齢と経験の運転への影響を厳密に区別することは難しい課題で

ある。しかし、運転経験と事故発生率の間には、年齢同様、高い相関がある。経験3年未満のドライバーにより起こされる事故は、毎年全事故の30％前後にのぼる。経験の浅いドライバーは、運転操作が未熟なのに加え、情報を得る方略が、経験を積んだドライバーとは著しく異なっているという。

　Mourant & Rockwell（1972）はアイカメラを用い、初心者と熟練者の視覚探索行動を比較した。その結果、初心者は、
　①注視点が狭い範囲に集中する
　②熟練者より車両直前および進行方向の右側（右側通行）を多く見る
　③熟練者よりミラーを見る回数が少ない
　④高速道路において、熟練者が注視するだけなのに対し、初心者は眼で追跡する
という結果を得ている。初心者は自分の車両を制御することに手いっぱいで、多くの情報を適切に処理する余裕がないと考えられる。

　小島（1997）は、同様にアイカメラを用い、市街路、山岳路、高速道路上で初心者と熟練者の注視特性を比較した。その結果、初心運転者の注視特性は、市街路では重要視対象を見逃したり、重要でない視対象に固執したりしていた。また、不適切な注視の割合も熟練者ではほとんどないのに対し、右左折時には62％に上っていた。山岳路のカーブ区間では熟練運転者が右カーブで85％、左カーブで68％の割合で内側を注視しているのに対し、初心運転者は各々54％、31％であり、初心運転者がカーブ内側をあまり注視しない傾向にあると指摘している。これらのことから、初心運転者は注視対象物に対する危険性評価能力、潜在危険予知・予測能力が未発達であると結論づけている。

文　献

Connolly, P.L. (1966). Visual Considerations of Man, the Vehicle and Highway, Part Ⅱ, SAE SP-279.
Denton, G.G. (1966). A subjective scale of speed when driving a motor vehicle, Ergonomics, Vol.9, No.3, 203-210.
Denton, G.G. (1971). The influence of visual pattern on perceived speed, TRRL Report LR 409., Crowthorne.
Denton, G.G. (1973). The influence of visual pattern on perceived speed at Newbridge M8 Midlothian, TRRL Report LR 531. Crowthorne.
Evans, L. (1970). Speed estimation from a moving automobile, Ergonomics, Vol. 13, No.2, 219-230.
Fell, J.C. (1976). A motor vehicle accident causal system : The human element, Human Factors, Vol. 18, No.1, 85-94.
Fergenson, P. E. (1971). The relationship between information processing and driving accident and violation record, Human Factors, Vol.13, No.2, 173-176.
Fisher, A.J. and Christie, A.W. (1965). A note on disability glare, Vision Res.5, 565-571.
橋本邦衛（1973）．運転の疲労と単調　交通医学，Vol.27, No.1
橋本邦衛（1984）．安全人間工学　中央労働災害防止協会
Hill, B. L. (1980). Vision, visibility, and perception in driving, Perception, No.9, 183-216.
Hicks, J. A. (1976). An evaluation of the effect of sign brightness on the sign-reading behavior of alcohol-impaired drivers, Human Factors, Vol.19, No.1, 45-52.
平尾収（1971）．自動車事故はなぜ起こるか　自動車技術，Vol.25, No.4, 340-351.
保坂良資・渡辺瞭（1983）．まばたき発生パターンを指標とした覚醒水準評価の一方法，人間工学，Vol.19, No.3, 161-167.

石田敏郎（1999）．バリエーションツリーによる事故の人的要因の分析 1999 自動車技術会論文集，Vol.30, No.2, 125-131.

Ishida, T and Matsuura, T (2001). The Effect of Cellular Phone Use on Driving Performance, IATSS Research, Vol.25, No.2, pp.1-9.

Johansson, G. and Rumar, K. (1971) Driver's brake reaction times, Human Factors, Vol.13, No.1, 23-27.

神田直弥・石田敏郎（2001）．出合頭事故における非優先側運転者の交差点進入行動の検討，日本交通科学協議会誌，Vol.1, No.1, pp.1-12.

小島幸雄（1997）．初心運転者と熟練運転者の運転特性（第1報：注視特性について），自動車技術会論文集，Vol.28, No.2, 73-78.

黒木康之・石田敏郎（1974）．運転中の脳波について 自動車技術，Vol.28, No.4, 258-266.

Metzler, H. G. (1988). Computer vision applied vehicle operation, SAE paper 881167.

Miura, T. (1986). Coping with situational demands : A study of eye movements and peripheral vision performance, Gale, A.G., et al., (Eds.), Vision in Vehicles, 205-216, Elsevier.

Morgan, C.T., Cook, J. S., Chapanis, A., and Lund, M. W. (1963). Human engineering guide to equipment design, McGraw-Hill, New York（近藤武他訳：人間工学データブック，p.186, コロナ社, 1972）．

Mortimer, R.G. (1970). Automotive rear lighting and signaling research, Ann Arbor ; University of Michigan, Highway Safety research Institute, Report No. HUF-5, PB-191149.

Mortimer, R.G. (1974). Motor vehicle exterior lighting, Human Factors, Vol.18, No.3, 259-272.

Moskowitz, H. and Robinson, C. (1987). Driving-related skills impairment at low blood alcohol levels. In : Noordzij, P. and Roszbach, R. (Eds.), Alcohol, drugs and traffic safety-T86, Excerpta Medica, 79-86.

Mourant, R. R. and Rockwell, T.H (1972) Strategy of visual search by novice and experienced drivers, Human Factors, Vol.14, No.4, 325-335.

長山泰久（1968）．交通心理学の問題点，遠藤・蓮尾編：現代心理学，p.240, ミネルヴァ書房．

長山泰久（1979）．ドライバーの心理学 企業開発センター．

日本色彩学会（1980）．新編色彩科学ハンドブック，p.804, 東京大学出版会．

Osaka, N. (1988). Speed estimation through restricted visual field during driving in day and night : Naso-temporal hemifield differences, Gale, A. G., et al., (Eds.), Vision in Vehicles-Ⅱ, 179-186, Elsevier.

Reason, J. (1997). Managing the risks of organization accidents, Ashgate Publishing Limited.（塩見弘監訳：組織事故，日科技連, 1999）．

Reason, J. (1990). Human error, Cambridge University Press.

Schmidt, F. and Tiffin, J. (1969). Distortion of drivers' estimates of automobile speed as a function of speed adaptation, Journal of applied Psychology, Vol. 53, No.6, 536-539.

Shinar, D. (1985). Psychology on the road, John Wiley & Sons（野口薫・山下昇訳：交通心理学入門，サイエンス社, 1987）．

Storie, V. (1977). Male and female car drivers : Differences observed in accidents, TRRL Report 761.

末永一男（1970）．安全運転の科学，日本放送出版協会．

照明学会（1966）．あたらしい明視論，27-56.

Treat, J. R., Tumbas, N. S., McDonald, S. T., Shinar, D., Hume, R.D., Mayer, R.E., Stansifer, R. L., & Castellan, N. J. (1975). Tri-level study of the causes of the traffic accidents : Volume Ⅰ-Research Findings, DOT HS-801334.

宇留野藤雄（1963）．交通事故の心理的背景について，科学警察研究所報告，Vol.4, No.1.

宇留野藤雄（1972）．交通心理学，技術書院．

谷島一嘉・池田研二・大島正光・杉時夫（1971）．自動車の運転と疲労，自動車技術，Vol.25, No.10, 1076-1081.

横井清和（1980）．自動車ヘッドランプの視認性，照明学会誌，Vol.64, No.11, 12-14.

第3章 交通事故の心理学的問題

交通心理学の主要なテーマの一つは、交通事故を起こす人間の要因を明らかにすることである。これには二つの側面があって、一つは事故発生直前の心理的働きが事故にどう関与しているかについての事故原因の研究である。もう一つは、その心理的働きや行動の背景にあるふだんの個人の心理的特性が、事故にどう影響を与えているかについての研究である。後者の研究の代表例が第4章の運転適性に関する研究である。

　この章では、交通事故を起こしやすいグループの特性とその事故の特徴、事故を心理学的に研究するうえで知っておく必要がある事故や事故データの特徴、事故危険性の指標についての知見を概観する。次いで、交通事故防止対策とその効果について述べる。

1　交通事故をめぐる諸問題

1　交通事故と事故統計

　警察の交通事故統計で用いられている交通事故（以下、事故という）の定義は、「一般交通の用に供する道や場所で、車両、路面電車および列車の交通によって起こされた人の死亡または負傷を伴う事故」である。

　事故を被害程度から見るとまず物損事故と人身事故に分かれる。物損事故は人身事故より件数が多いので、交通心理学では物損事故を事故としてカウントすることが多い。しかし、上記の定義のように我が国の事故統計では、交通事故といえば一般的には人身事故を指す。その人身事故は、事故に関与した人の中で最も被害の大きかった人の負傷程度によって、軽傷事故、重傷事故、死亡事故に分かれる。昼夜で死亡事故は同じくらい発生するが人身事故の70％は昼間に発生するといったように、事故の形態や原因はこの三つで異なることが多いので、事故統計を読んだり、説明したりするときは、どの被害程度の事故について言及しているかに注意する必要がある。

　事故に関与した人のことを、事故統計では事故当事者あるいは当事者という。事故の過失が最も大きいと判断された当事者のことを第1当事者（1当）といい、次いで過失の大きかった当事者のことを第2当事者（2当）という。ただし、当事者間の過失が同程度の場合には、人身損傷程度の軽い方を1当とする。また、慣習的に自転車や歩行者が第1当事者となることは少ない（各々15％と3％）（松浦，2014）。事故統計で集計される当事者の多くは、自転車事故や歩行者事故を除けば1当であり、必要に応じて2当が集計対象となる。一つの事故で交通事故に関与した人が3人以上いる場合は、1当と2当以外の当事者は第3当事者以下（3当以下）とされ、1、2当の事故統計調査より少ない項目が調べられる。

　事故当事者を1当と2当以下に分けるのは、事故処理にあたった警察官の行う法令上の区分である。この区分が交通心理学や他の交通科学に有用であるかの検討は少ないが、図3-1に示すように、事故の危険性が高い年齢層である若者（16歳から24歳）と高齢者（65歳以上）では第1当事者の方が第2当事者より多いといったように（交通事故総合分析セ

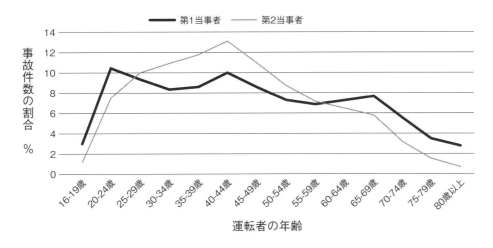

図3-1　第1当事者と第2当事者の年齢（四輪運転者）
出典：交通事故総合分析センター（2016）

ンター，2016)、両者には違いがよくみられることから、この区分は学術的にも有用であると考えられる。

2　どのようなグループが事故を起こしやすいか

(1) ターゲット・グループ

　交通事故の防止対策を立てる場合には、個人を念頭におくというより、ある集団に的を絞って行う。このような集団はターゲット・グループと呼ばれ、グループに特徴的な事故、事故が多い理由、および教育方法などの対策に関する研究が数多く行われている。それではどのようなグループがターゲット・グループと言われているであろうか。

　図3-2と図3-3は、人口あたりで見ると、どの年齢層の人がどのような移動手段の下で事故に遭って、負傷したり、死亡したりしやすいかを示したものである（交通事故総合分析センター，2015a)。これより負傷者数でみると、最も事故が多いのは16歳から30歳にかけての若年層であり、自動車運転中、自動車同乗中、自動二輪乗車中、原付乗車中では最も負傷者が多い年代となっている。しかし、死者数でみれば若年層より高齢者の方が多い。若年層では自動車運転中や自動二輪乗車中の死者が最も多いが、高齢者では歩行中と自動車運転中と自転車乗用中の死者が最も多く、死者の絶対数でいえば高齢者は死者全体の半数を占めている。子どもは特に死者数と負傷者数が減少しているグループであるが、負傷者で見ると自転車乗用中と自動車同乗中と歩行中に事故に遭いやすい。

　以上のように年齢層によって事故時の移動手段や事故の危険性が異なり、また年齢による分け方はわかりやすいことから、子ども、若者、高齢者というようにターゲット・グループを分けることが多い。そこで次に、これらのグループに事故が多い理由について考えてみよう。

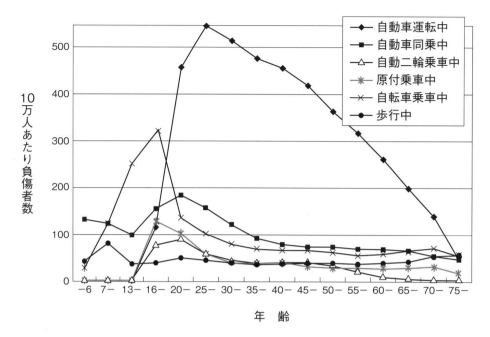

図3-2　年齢層別・状態別負傷者数
出典：交通統計（交通事故総合分析センター，2015a）

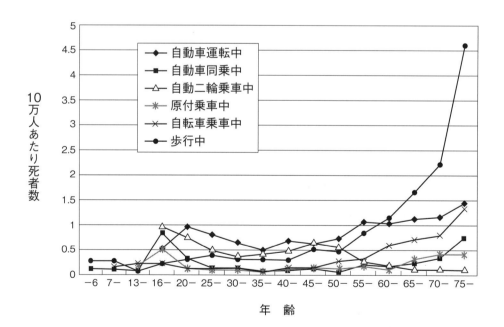

図3-3　年齢層別・状態別死者数
出典：交通統計（交通事故総合分析センター，2015a）

（2）若者

　若者に事故が多い理由としては、次の2点が指摘されている。一つは若さに由来する精神的・社会的な未熟さである。これが他車や歩行者などに配慮しない運転、交通ルールを軽視した運転、無謀な運転となって、事故の危険性を高める。もう一つは、若者の大部分は初心運転者であることから、交通環境や車に不慣れであり、そのため運転中にミスやエラーを起こしやすいという点である（松浦，2005）。

　この他、若者のライフスタイルが、夜間の運転、レジャーやドライブ目的の運転といった危険な状況下での運転を促進して、事故の危険性を増加させる。また、若者が運転する車は速度が出やすいスポーツタイプが多かったり、中古車が多かったり、他人の車を運転することが多かったりするために、事故が多く発生しやすい。

（3）高齢者

　歩行中や自転車乗用中の負傷者が比較的多いのは、加齢による心身機能の低下や病気による心身の不調が注意力を低下させたり、新しい交通環境への適応を妨げていたりしているからと考えられる。高齢者の歩行中や自転車乗用中の死者が負傷者に比べて非常に多いのは、心身機能が低下して体が弱くなっているために、事故で同じ衝撃を受けても他の年代の人より致死率が高くなるためである。

　最近では高齢運転者人口の増加に伴って、高齢運転者の事故が増加し、話題となることが多い（松浦，2017）。高齢運転者は走行距離あたりでみると、最も事故の危険性が高い点、事故にあうと死にやすい点が問題である。しかし、高齢運転者は運転そのものを控えたり、危険性が高い状況下での運転を避けたり、無理な運転をしなかったりするために（これを補償運転あるいは自己制御運転という）、また免許保有率がまだそれほど高くないために、図3-2と図3-3で見るように、人口あたりの自動車運転中の死傷者数はそれほど多いわけではない。それでも、女性や後期高齢者（75歳以上）を中心に高齢運転者人口の増加がまだ続くことから、高齢運転者もターゲット・グループと言える。

（4）子ども

　中学・高校生の自転車乗用中の負傷者および小学生とそれ以下の子どもの歩行中の負傷者が多い理由は、その年代の子どもたちの移動手段の中心が、それぞれ自転車であり歩行であるからであろうが、その他に子どもの能力の未熟さ（例えば、注意して見るという行為）、およびそれを補うための子どもに対する交通安全教育が十分に行われていない点が指摘される。また、まだ歩道と車道が分離されていなかったり、所によって自転車の通行する部分が明確でなかったりするという交通秩序のあいまいさが、そうでなくともルール意識が希薄な中学・高校生に対し、交通ルールという秩序を遵守させる妨げになっている。

　小学生とそれ以下の子どもに歩行中の事故が多いのは、飛び出しを誘発したり、運転者がそれに対処できなかったりするような沿道環境がわが国では多く、そこで子どもが遊ぶことが多いためであり、また、子どもは背が低いために運転者から発見されにくかったり、動きが速いために運転者が事故を避けにくかったりするためである（斉藤・松浦，1993）。住宅地を抜け道として使ったり、高い違反で運転する車が多いことも理由の1つとなって

いる。

3　交通事故要因としての運転経験と年齢

　前の節でふれたように、事故には年齢が影響している。ここでは、自動車運転中の事故について、ドライバーの運転経験と年齢の影響について考えてみよう。

（1）運転経験と年齢は事故要因

　年齢が事故要因であることは、若い人ほど事故を起こしやすいこと、中年になると事故は減るが、高齢になると事故を再びおこしやすくなることから明らかである。これは図3-1から図3-3に示されているが、もうすこし明確に示したものが図3-4である。人身事故と死亡事故を起こした第1当事者の年齢を比べると、人身事故は特に若年者に多く、死亡事故は後期高齢者に多い。

　運転経験が事故要因となることも自明であるが、日本の交通統計では図3-5がそれを示すものである。免許経過年数は普通免許あるいは準中型免許を取得してからの年数で、その年数（運転経験年数）が増すほど、事故（第一当事者となった人身事故）は減少していくことが明らかである。ただし、1年未満、1年から2年未満などの人数が一定とは必ずしもいえないので、厳密には人数を一定にして比較する必要がある。

　また、ある事象の変化を調べるには、通常の横断的分析より縦断的分析の方が優れていると言われる。そこで免許取得者を対象に、免許取得後の事故率の変化を追跡して調べた結果が図3-6である。これより、確かに免許取得直後から事故は減少していく。

（2）運転経験と年齢の絡み合い

　図3-5と図3-6は、運転経験の効果を示す図であることは間違いないが、実は年齢の効果も含まれている。運転経験が増すと同時に年齢も増えていくからだ。したがって、ほ

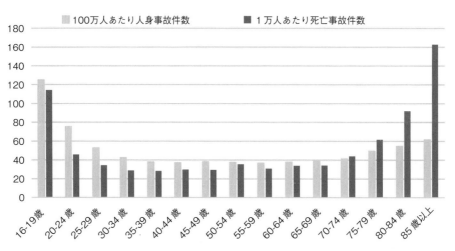

図3-4　運転者の年齢層別免許人口あたりの事故件数
出典：警察庁交通局（2019a、2019b）

第3章　交通事故の心理学的問題

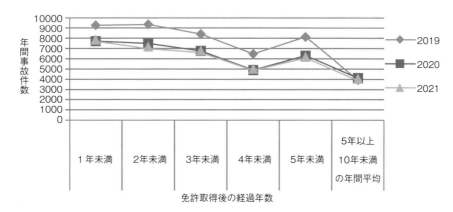

図3-5　自家用乗用車運転中の事故運転者（第1当事者）の免許取得後の経過年数別交通事故件数

出典：交通統計（交通事故総合分析センター、2020～2022）

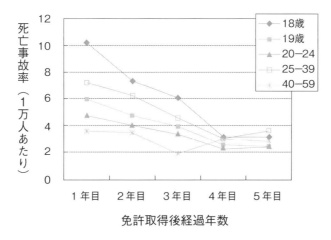

図3-6　運転経験に伴う死亡事故率の変化（松浦、2005）

とんどが若者である免許取得者を対象とした免許取得後の事故減少は、運転経験が増し、また少しずつ年を重ねていくためである。

　一般に、若者の場合は事故減少に及ぼす年齢の影響が大きく、中年になって免許を取得した場合は年齢の影響は少なく、高齢者になって免許を取得した場合は、加齢が逆に事故増加の要因となる。

（3）初心運転者と若者事故の特徴

　初心運転者のほとんどは若者であるため、その事故を調べると若者の事故の特徴が出てくる。しかし、ここでは年齢要因に関わらず運転経験が少ない運転者の特徴と運転経験要因を除いた若者事故の特徴を見てみよう。

　表3-1の統計分析で示すのは、タクシー・ハイヤーを除く普通自動車を運転していて事故を起こし、第1当事者となった人のうち、年齢が21-24歳と35-44歳の人の事故を選

表 3-1　事故の経験要因と年齢要因（松浦（2005）を改変）

経験要因と年齢要因	事故の種類	
	統計分析	事例分析
初心者に特徴的	同乗者あり 高速道路・自専道 人口集中地区	急ハンドル 初めて通行 初めて運転
初心者と若者 に共通	操作の誤り 死亡・重傷事故 大破・中破	疲労・眠気
若者に特徴的	危険認知速度が高い カーブ地点 夜間 単独事故	

び、各々を運転経験年数が3年未満と3年以上に分け、事故の運転経験と年齢要因を調べた結果である（松浦, 2005）。21-24歳と35-44歳の各群で3年未満と3年以上の人の事故を比較し、3年未満の人が多い事故を初心運転者に特徴的な事故とした。また、経験3年未満と3年以上の各群で21-24歳群と35-44歳群の人の事故を比較し、21-24歳の人が多い事故を若者に特徴的な事故とした。事例分析の結果に示すのは、初心運転者事故の事例分析によって、統計分析で得られなかった結果を追加したものである（松浦, 2005）。

　表3-1の結果をまとめると、初心運転者に特徴的な事故は、運転技能の未熟を反映した高速道路・自専道での事故、急ハンドルの結果としての事故、運転負担が大きい人口集中地区での事故である。また、初心運転者には交通への不慣れからくる初めて通行した場所での事故や初めて運転した車での事故が特徴的であった。高速道・自専道での事故と人口集中地区での事故も交通への不慣れが原因の1つとなっている。同乗者ありが初心運転者に特徴的なのは、1つには同乗者を乗せて運転することがそもそも多いからであり（Laaapotti, et al., 1998）、また同乗者の存在が注意集中を妨げるためである（松浦、2003）。

　若者に特徴的な事故は、若者のライフスタイルを反映した夜間の事故、リスクテイキング傾向を反映した高速運転（危険認知速度が高い運転）、運転技能の過信を反映したカーブ地点での速度超過運転や単独事故である。

（4）高齢者事故の特徴

　高齢ドライバーは、走行距離が少ないにも関わらず、75歳を超えると免許人口あたりの事故が増えていく（図3-4）。特に死亡事故が増加するが、それは事故によって自らが死亡しやすいからである。

　高齢ドライバー事故は3つに分けられる。1つは危険な状況下での運転を回避できずに老いが影響した事故であり、高齢者に特徴的な事故としてよく取り上げられるものだ。2つめは危険な状況を回避したことによるそれ以外の状況での事故である。3つめは特別に

危険な状況でないが、高齢ドライバーが運転することが多い状況で発生する事故である（松浦, 2022）。ここでは1つめの、危険な交通状況下であるが運転せざるを得ない状況下での事故を取り上げよう。これも大きく3つに分けられる。

1つは注意すべき場所がたくさんあり、情報処理が難しい場所での事故で、例としては交差点での出合頭事故、右折時の対向直進車との事故、右折時の横断歩行者との事故がある。2つめは右左折したり、進路変更したり、停止したりするように今までの直進運転から、運転を変える必要がある際に、安全確認を怠って発生しやすい事故である。例としては、出合頭事故、右折や後退時の事故、優先妨害による事故がある。最後に、注意不足から緊急事態に陥り、操作を誤る事故も高齢者に多い。例としては、車両単独事故、アクセルとブレーキペダルの踏み間違い等の操作の誤りによる事故がある。

4　事故の起こりやすさの国際比較

日本ではどのくらい事故が発生しているだろうか。2015年中に発生した事故でいえば、死者数は4,117人、人身事故の発生件数は約54万件であった。この数字を人口あたりで表現すると、年間の死者数は10万人あたり3.2人、人身事故件数は千人あたり4.2件となる。仮に100歳まで生きるとすると、一生に5人に2人は人身事故を起こす（1当となる）計算となる。事故の多くは1当と2当による衝突なので、2当以下も含めれば、一生に1回、人身事故の加害者か被害者になる可能性が高い。

日本は世界の主要国と比べて事故は少ないといえるだろうか。これを調べたものが図3-7である（交通事故総合分析センター, 2015a；OECD, 2014）。これより日本はイギリスに次いで交通事故死者数が少ない国といえる。1990年と2012年の死者数の比較からは、日本だけでなく世界の主要国でも、死者は20年前と比べ1/2から1/3に激減したこ

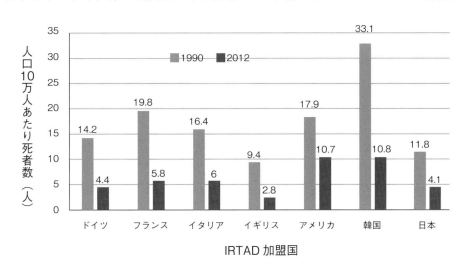

図3-7　日本と世界主要国との事故死者数
IRTADとは国際道路交通データベースの略で、OECD加盟国の事故をデータベースとして蓄積し、各国の事故状況を情報交換する機関をいう。出典：交通事故総合分析センター（2015a），OECD（2014）

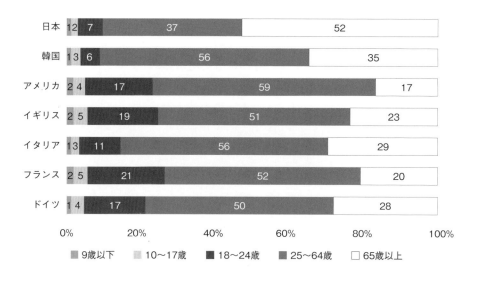

図3-8 日本と世界主要国との年齢層別事故死者数
出典：交通事故総合分析センター（2015a），OECD（2014）

とがわかる。

日本ではどの年齢層の人が事故で死亡しているか主要国と比較してみると、高齢者の死者が多い（52.5%）のが特徴的である（図3-8）（交通事故総合分析センター，2015a；OECD, 2014）。

5　事故件数の正確性

（1）事故の過少報告

交通事故のリスクは、ふつう年間の死者数と事故件数（人身事故発生件数）で示される。このうち死者数の方が事故件数より多く用いられている。それは死者の方がインパクトが強いし、数が少なくて記憶に残りやすいという側面もあるが、事故件数より正確であるという点も理由の一つである。事故が発生して当事者が負傷しても、それが人身事故として警察の事故統計にカウントされない場合があるのだ。この問題は交通事故の過少報告（under-reporting）と呼ばれ、交通安全対策を立てたり、事故件数を都道府県間や国と国の間で比較したりする場合に問題となる。

どういった事故が過少報告されやすいかといえば、事故の被害程度が低いほど（つまり軽傷事故、重傷事故、死亡事故の順に）過少に報告される。傷が軽い場合には事故を警察に報告するまでもないと考えるからであろう。入院を要する事故（欧米ではこれを重傷事故と定義する国が多い）では、病院データと比べると警察の公式データによる事故件数はその70%ほどと言われている（Elvik & Mysen, 1999）。

歩行者事故、自転車事故、二輪車事故は四輪車事故よりも過少に事故が報告され、年少者の方が年長者（特に高齢者）よりも過少に事故が報告される。日本でも自動車同乗中の負傷者数は、年齢によって過少報告の程度が異なる。子ども（0-12歳）ほど過少報告さ

れやすく、警察の負傷者数は損害保険会社で調べた負傷者数の半数程度であった（Nakahara & Wakai, 2001）。

　警察の事故統計に現れる事故が実際の事故よりも少ないケースには、事故当事者が警察に事故を報告しない場合と、現場の警察官が事故統計に事故を計上しないという二つの場合がある。また、都道府県警察による警察庁への死者数の過少報告も時にあって、後になって年間の死者数が修正される。

（2）質問紙調査における事故の過少報告

　質問紙調査や実験では、被験者の過去3年間の事故件数を自己報告によって調べることがしばしばある。このときに問題となるのは、被験者が必ずしも正確に事故件数を報告しないという点である（af Wåhlberg, 2009）。

　被験者の報告が正確性を欠く理由について考えてみよう。一つは事故がいつ起きたか忘れることである。たとえば過去3年間の事故件数を問われても、最近の事故は覚えていても、3年前の事故は忘れている可能性がある。物損事故等のたくさんの事故を起こした人も少なめに報告する可能性が高い。

　2番目の理由は「社会的望ましさ」の要因である。これは事故を起こすことは一般的に恥ずべきことなので、事故件数を少なめに回答したり、人身事故を物損事故と回答したり、件数自体を回答しなかったりするというバイアスである。

　研究者あるいは調査者が事故の定義を明確に示さなかったり、被験者側が定義（たとえば、第1当事者となった人身事故を事故と定義する）を理解できなかったりする場合にも、事故件数は意図通りに報告されないおそれが生じる。被験者に理解できるように事故の定義を説明することが必要である。

6　事故の反復性

　ある時期に事故を起こした人は次の期間でも事故を起こす可能性が高いという事故の反復性は、よく知られた事実である。しかし、事故はまれな事象であるので、一般の運転者を対象とする場合には大規模な調査が必要である。日本の交通事故統計データベースで調査した結果によれば、ある年に事故を経験した人は翌年にも事故を経験しやすかった（表3-2）（自動車安全運転センター，2007）。表3-2によればある年に事故を経験した人は、事故を経験しなかった人と比べて、次の年に事故を経験する割合が3倍高い。ただし、3倍といっても事故に関与するのは5％ほどであった。前の年に事故を起こした人の95％は翌年には事故を起こさなかったのである。

7　違反と事故

（1）事故の代替指標としての違反

　事故はまれな事象であり、1年間に第1当事者となる運転者の割合は0.7％、第2当事者を含めても1.3％に過ぎない（交通事故総合分析センター，2015a）。ただし、警察が把

表 3-2 　前年 (2004 年) の事故件数別、免許取得年別にみた翌年の事故経験者率 (％)

2004 年の事故	免許取得年	
	2000 年以前	2001～2003 年
0 件	1.7% (n=64,198)	2.5% (n=5,593)
1 件以上	4.5% (n=1,284)	8.3% (n=169)

注）事故は 1 当、2 当以下を問わない 2005 年中の人身事故
出典：自動車安全運転センター (2007)

握した物損事故は人身事故の 4 倍といわれることから、運転者の 3 ％ (=0.7 × 4) は物損事故を起こしている。人身事故の 1 当・2 当と物損事故の 1 当を含めて事故とみなすと、運転者の 5 ％近くは 1 年間に事故に関与していると試算される。実際は人身事故の 3 当以上や物損事故の 2 当もあるので、事故に関与した運転者の割合は 5 ％を超えるかもしれない。それでも事故は運転者のごく一部が起こす事象に変わりはない。

それに対して年間の違反検挙運転者の割合は、9.1％ (事故の場合と同様に、違反者は年に 1 回違反と仮定) である。この割合は人身事故に関与した運転者の割合 (1.3％) の 7 倍、物損事故に関与した運転者を加えた交通事故の 1.8 倍である。このように検挙された違反回数は事故より多く、また客観的に件数がカウントできるので事故の代替指標としてよく用いられる。

(2) 違反と事故の関係

人に関わる事故の直接的な原因は違反とヒューマンエラーであり、走行距離や多少の運も関係している。これより違反と事故にはある程度の因果関係があることが予想される。言い方を変えると、不安全な運転をしていると、それが多くの場合に違反運転となって違反検挙される可能性が増す一方で、少ない確率ではあるが事故となる可能性も増すと考えられる。また走行距離は違反と事故に多少影響することから、違反と事故には見かけ上の相関関係も見られるはずである。

違反と事故の相関関係を実証したデータが表 3-3 である (自動車安全運転センター, 2007)。この表を詳しくみると、違反回数が 0 回の人の事故者率は 4.2％、1 回の人の事故者率は 16.1％、2 回の人の事故者率は 21.2％と、違反回数が多い人ほどその間に事故に関与する割合も多くなっている。ピアソンの相関係数でいえば、$r=0.27$ であった。

事故と違反の相関関係を年齢層ごとに見るとU字型を示し、若者と高齢者ではその相関係数が比較的高かった。若者ではリスクテイキング的な違反が多く、それが事故に結びつきやすいし、高齢者では無意識に違反を犯して、それが事故に結びつきやすいと考えられる。

第3章　交通事故の心理学的問題

表3-3　運転者の過去5年間の違反回数と事故回数の関係

違反回数	事故回数					事故者率
	0	1	2	3-	計	
0	44,321	1,816	100	10	46,247	4.2
1	13,183	2,315	193	18	15,709	16.1
2	5,150	1,188	179	21	6,538	21.2
3	2,146	645	102	24	2,917	26.4
4	1,148	341	79	17	1,585	27.6
5	577	182	49	13	821	29.7
6	293	118	32	9	452	35.2
7-	328	156	46	15	545	39.8
計	67,146	6,761	780	127	74,814	10.2

出典：自動車安全運転センター（2007）

8　事故危険性の指標

(1) 事故データを用いない危険暴露度の指標

　日本とアメリカ、男性運転者と女性運転者といったように国と国、集団と集団の交通事故危険性を比較する場合には、事故危険性を示す様々な指標が用いられる。最も単純な指標は事故件数や事故死者数そのものである。例えば日本とアメリカの年間交通事故死者数を調べると、ざっと日本が5,000人でアメリカは33,000人である（2012年中の30日以内死者）ことから、アメリカの交通事故死者は日本の6、7倍多いといった比較ができる。

　国や集団の人口などが異なれば交通事故の件数や死者数も異なるのは当然ということから、事故危険性を比較する場合には、道路交通への危険暴露度（exposure）を考慮した事故率がよく用いられる。事故率にもいくつか種類があり、人口で補正した事故率が人口あたり交通事故死者数（あるいは人身事故発生件数）であり、免許保有者数で補正したものは免許人口あたり死者数、車の保有台数で補正したものは保有台数あたり死者数などと呼ばれる。図3-2と図3-3は人口あたりの負傷者数と死者数であった。

　事故危険性をグループ間で比較する場合には、年間走行距離あたりの死者数や事故件数が使用されることがある。この方法は上記の事故率による比較より適切と考えられているが、走行距離の把握が難しいのが欠点である。また、この方法では比較する集団の走行距離が同じと仮定して比較するが、事故危険性が高いことを自覚している運転者ほど走行距離が短いといった点は考慮されていない。したがって、走行距離が短い集団（たとえば高齢運転者）と長い集団（たとえば中年運転者）を比較すると、一般的に走行距離が短い集団の方が走行距離あたりの事故率が高いという結果が得られるが、この結果を解釈する場合には注意を要する。「同じ距離だけ運転すれば、集団Aの方が集団Bより事故率が高い」という結果は、集団Aの方がBより事故危険性が高いことを示すが、それはポテンシャル

表3-4　準道路交通暴露度率を用いた高齢運転者の事故危険性（2011年、原付以上運転中）

	運転者数 A	第1当事者数 B	無過失第2当事者数 C	準交通暴露度率（%） C/A＊100	相対事故率 B/C	オッズ比 (=2.99/1.73)
男性						
45～49歳	3,873,881	32,541	18,834	0.49	1.73	
65～69歳	3,320,585	27,776	9,291	0.28	2.99	1.73

出典：交通事故総合分析センター（2015b）

として高いということを示すのであって、集団Aの走行距離が短ければ、実際の社会への影響（事故件数や死者数）はBより小さいこともありうる。

　走行距離あたり事故率をめぐっては、走行距離が少ない運転者は住宅地や町の危険な道路を通行したり、運転技能が低下していたりするために走行距離あたりの事故が多くなるという説（ローマイレージ・バイアス）がある。そこで高齢運転者の走行距離あたりの事故率が高いのは、走行距離の少ない事故率が高い運転者の割合が高齢者では多いからであり、高齢運転者は事故を起こしやすいとは言えないといった主張も一部にはある（Hakamies-Blomqvist, Raitanen, & O'Neil, 2002）。しかし、そのバイアスの大きさは不明であり、またその主張は高齢者に病人が多いのは、病気にかかりやすい虚弱な人の割合が高齢者では多いからであり、高齢者は病気になりやすいとは言えないといった主張と似ている。

（2）事故データを用いた危険暴露度の指標

　道路交通への危険暴露度として、人口や免許保有者数や走行距離といった事故データ以外の指標を用いる方法の他に、事故データから道路交通暴露度を算出して、それを事故危険性の比較に用いる方法がある。この方法でよく用いられるのは、準道路交通暴露度推定法（Quasi-induced exposure method）である（Stamatiadis & Deacon, 1997）。この方法は少し複雑であるので説明は省くが、例として、45～49歳の中年運転者と比較した65～69歳の高齢運転者の事故危険性をこの方法で算出してみよう（表3-4）。中年運転者の相対事故率は1.73（=[B/A]/[C/A]=B/C）で高齢運転者の相対事故率は2.99となり、そのオッズ比は1.73となって1より大きく、高齢運転者の方が危険という結果であった（交通事故総合分析センター, 2015b）。相対事故率を出すときに、C/A×100という準交通暴露度率が使われている。

　準道路交通暴露度推定法は、国の事故統計データを用いて集計できる点で、安価で応用範囲が広いが、問題がないわけではない。1当が事故の全責任を負っていると言えるか、違反のない2当は無過失と言えるかという問題である。表3-4では高齢者の危険性が強調された結果となっているが、違反のない2当は追突事故の2当に多いため、追突事故が発生しやすい幹線道路を走行する機会が比較的少ない高齢者では、違反のない2当の人数が低めに出やすい。つまり、危険暴露度が少なめに出やすい。その結果、相対事故率は高めに出やすくなって、中年運転者より事故危険性が高めに出てしまう可能性があるのである。

2 交通事故防止対策

1 対策の種類

従来から事故防止対策には3Eがあると言われている。工学（Engineering）、教育（Education）、取締り（Enforcement）である。また、環境（Environment）、事例（Example）などを入れて4Eあるいは5Eと呼ばれることもある。

工学的対策には、道路整備、信号機等の交通安全施設の整備・高度化、自動車の改良などがあり、最近ではITS（高度交通情報システム）や自動運転の技術を用いた対策が登場してきた。

教育的対策には、運転者を育成したり、再教育したりする各種の運転者教育、学校の生徒に対する交通安全教育、交通安全キャンペーン等がある。この教育的対策は交通心理学と最も関係が深い。

取締り対策は狭義には交通指導・取締りのことを指すが、広義には交通安全に関する法律の施行も含まれる。これらは運転者らの行動を制約したり、変容させたりする対策であることから、交通心理学の守備範囲となる。

環境的対策とは、車道と歩道の間への植樹、道路幅の拡張、道路照明の設置、車の排ガス規制（エコ・ドライブ）、車の車内環境改善等である。こういった環境的対策は運転者や歩行者の快適性を高めると同時に交通事故を防止する対策ともなっている。

2 対策への心理学の貢献

（1）対策と心理学

教育により運転者等に知識を与えたり、態度を変容させたりする教育的対策や危険な運転行動を抑止するための交通取締り対策は、人間の行動変容を目的とするものである。したがって、心理学の知見が対策を立てる際に役立つはずである。また、工学的対策のように他の学問分野に関わる対策であっても、人間に関わる対策であることは確かであるから、心理学が貢献できる余地がある。

（2）対策の効果測定

対策の効果測定とは、対策の効果の程度を定量的に測定することである。これを行えば、対策を評価できるし、次に同様な対策を立てる時に対策を修正することができる。

問題はどのような指標を効果測定に用いるかということである。一般的には、事故件数が用いられるが、それは対策の内容や目的によって異なるべきである。例えば、教育的対策の一つである一時停止キャンペーンを例にとると、キャンペーン展開地域における一時停止に関連した事故や違反取締り件数の他に、一時停止行動、一時停止に関する意識・態

度が指標となる。交通事故防止を目的とした対策の場合には、事故の減少を調べるのが当然であるが、事故はその発生確率が非常に低いために、事故件数が少ないと信頼性の高い指標とは成りえないことが多い。

カーク・パトリックの4段階評価法（Kirkpatick & Kirkpatrick, 2006）では、評価には4つの段階（レベル）があると述べている。レベル1が「反応」で対策直後のアンケート調査などによって対策に対する満足度を評価をし、レベル2の「学習」では対策の対象者に学習到達度の評価をし、レベル3の「行動」では対象者の行動変容を測定し、最後のレベルの「結果」では目標の達成度が評価対象となる。交通安全対策においてもどのレベルでの評価が適切か（たとえばレベル3の行動改善を評価する）をあらかじめ考慮する必要がある。

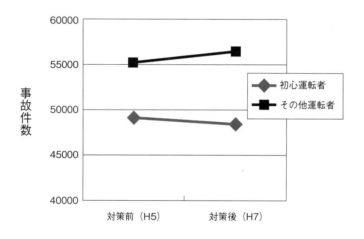

図3-9　事前事後分析
教習カリキュラム改正前後の事故件数

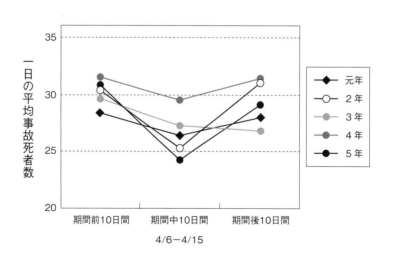

図3-10　時系列分析
交通安全運動期間中とその前後の事故死者数（松浦, 1994）

効果測定を厳密に実施する方法には次の2種類がある。一つは心理学の実験で用いられるコントロール群（対策を実施しない群）を用いる方法であり（図3-9）、実施群とコントロール群の対策前と対策後のデータを用いることから事前事後分析法と呼ばれている。もう一つは、対策前のある期間から対策後のある期間まで、効果指標を連続的に測定する時系列分析法（タイム・トレンド法）である（図3-10）。対策実施の対象が明確であり、実験結果のように効果が即効的に現れ、それがある程度持続すると考えられる対策の場合には、事前事後分析法を用いるのが良い。一方、対策が一時的なものであり、対策の効果がどう現れ、その効果がどう薄れていくかを調べたい場合には時系列分析法を用いるのが良い。

3　対策に関係する心理学的な問題

今までに数多くの交通安全対策が実施されてきたが、すべての対策に所期の効果がみられた訳ではない。その理由の一つは、適切な対策であったとしても、人々がそれに対してどう対応するかにより効果が相殺されることによる。ワイルドは、道路利用者は個人ごとに受容できる危険の目標水準を有しており、その水準とある交通環境下でその人が感じる主観的な危険の水準とが異なる場合には、両者が一致するように行動を調整するというリスク・ホメオスタシス理論を展開し（Wilde, 1982）、それを集団に拡張し次のように述べている。すなわち、人々を安全に行動しようという気にさせるような対策（動機づけ対策）を除くすべての対策は、やがて対策によって危険が減少したことを人々が知るようになって、危険性の高い行動を補償的に取るようになるため、長くは続かないと述べている（芳賀, 1993；Wilde, 1982）。この考えは工学的対策の効果を否定することから、その後多くの研究者から支持や批判を受けた。現在ではこの説は全面的に支持されている訳ではないが、交通安全対策によって状況に変化が生じると人々はそれに応じた行動をとるために、事故防止効果は担当者が予想したものとは必ずしも一致しないと言われている（Evans, 1991；松浦, 1996）。

もう一つ、心理学的な問題を挙げると、対策として同じ働きかけを人々にしても、人によって受け止め方が異なるという点がある。この例としては、自分の運転技能に対して自信過剰な人は、運転者教育やキャンペーンが自分には関係ないとみなすため、そのような人に対して対策が無力になるのではないかという運転技能の過大評価に関する議論がある（松浦, 1999）。

文　献

af Wahlberg, A. (2009). *Driver behaviour and accident research methodology*. Farnham, UK: Ashgate.
Elvik, R., & Mysen, A. B. (1999). Incomplete accident reporting, Meta-analysis of studies made in 13 Countries, *Transportation Research Record 1665*, Paper No. 99-0047.
　　https://wiki.cecs.pdx.edu/pub/ItsWeb/BikeBoxes/Incomplete_Accident_Reporting_-Elvik_Mysen_1999.pdf.
Evans, L. (1991). *Traffic safety and the driver*. New York: Van Nostrand Reinhold.
芳賀　繁（1993）．リスク・ホメオスタシス説－論争史の解説と展望，交通心理学研究, 9, 1-10.

Hakamies-Blomqvist, L., Raitanen,T., & O'Neil, D.（2002）. Driver ageing does not cause higher accidents rates per km. *Transportation Research, Part F （5）*, 271-274.

自動車安全運転センター（2007）. 安全運転に必要な技能等に関する調査研究.
https://www.jsdc.or.jp/search/pdf/all/h18_6.pdf.

警察庁交通局 (2019a). 令和元年中における交通死亡事故の発生状況及び道路交通法違反取締り状況等について.
https://www.npa.go.jp/publications/statistics/koutsuu/toukeihyo.html

警察庁交通局 (2019b). 令和元年中の交通事故の発生状況.
https://www.npa.go.jp/publications/statistics/koutsuu/toukeihyo.html

Kirpatrick, D.L. & Kirpatrick, J.D.（2006）. *Evaluating training programs*: the four levels (3rd edition). San Francisco, USA: Berrett-koehler Publishers.

交通事故総合分析センター（2015a）. 交通統計　平成26年版.

交通事故総合分析センター（2015b）. イタルダ・インフォメーション No.109.

交通事故総合分析センター（2016）. 交通事故統計表データ, 27-40FZ102, 27-40FZ104.

交通事故総合分析センター（2020〜2022）. 交通統計　令和元年版〜3年版.

Laaapotti, S., Keskinen,E., Hatakka, M., & Katila, A.（1998）. *Young drivers and their passengers*. Paper presented at the 24th International Congress of Applied Psychology, San Francisco, USA.

松浦常夫（1994）. 交通事故統計分析の事故防止対策への活用. 警察学論集, *47(4)*, 45-54.

松浦常夫（1996）. 道路ユーザーの適応行動から見た交通安全対策の効果, 交通工学, *31*, 11-15.

松浦常夫（1999）. 運転技能の自己評価に見られる過大評価傾向, 心理学評論, *42(4)*, 419-437.

松浦常夫（2003）. 自動車事故における同乗者の影響. 社会心理学研究, *19(1)*, 1-10.

松浦常夫（2005）. 初心運転者の心理学. 企業開発センター.

松浦常夫（2014）. 統計データが語る交通事故防止のヒント. 東京法令出版.

松浦常夫（2017）. 高齢ドライバーの安全心理学. 東京大学出版会.

松浦常夫（2022）. 高齢ドライバーの意識革命. 安全ゆとり運転で事故防止. 福村出版.

Nakahara, S., & Wakai, S.（2001）. Underreporting of traffic injuries involving children in Japan. *Injury Prevention 7*, 242-244.

OECD（2014）. *Road Safety Annual Report 2014*.
http://www.internationaltransportforum.org/pub/pdf/14IrtadReport.pdf.

斉藤良子・松浦常夫（1993）. 日本交通心理学会（編）人と車の心理学Q＆A 100.（pp.60-61）. 企業開発センター.

Stamatiadis, N. & J. A. Deacon.（1997）. Quasi-induced exposure: Methodology and insights. Accident Analysis and Prevention, *29(1)*, 37-52.

Wilde, G.J.S.（1982）. The theory of risk homeostasis: Implication for safety and health. *Risk Analysis, 2*, 209-225.

第4章 運転適性

1 運転適格性

　自動車の運転が可能かどうかは、運転免許試験に合格していることに加えて、運転適格性を満たしているかどうかにより決定される。かつては道路交通法第88条（免許の欠格事由）で、障害や疾病等を理由とする運転免許の絶対的欠格事項が列挙されていたが、2001年（平成13年）の改正で廃止された。これは、実際の症状として運転に支障がない場合や支障がない程度まで症状が回復する場合があるため、病名により一律に欠格とすべきではないという考えによるものであった。

　現在（2017年）では第90条（免許の拒否等）において、以下の者等に対しては政令で定める基準に従って免許を与えない、あるいは6ヶ月を超えない範囲において免許を保留することができるとしている。また、第103条（免許の取消し、停止等）において、免許保有者が同様の基準に該当することとなったときには免許の取り消し、あるいは6ヶ月を超えない範囲において免許の効力を停止することができるとしている。

- 幻覚の症状を伴う精神病であって政令で定めるもの
- 発作により意識障害又は運動障害をもたらす病気であって政令で定めるもの
- 自動車等の安全な運転に支障を及ぼすおそれがある病気として政令で定めるもの
- 介護保険法に規定する認知症である者
- アルコール、麻薬、大麻、あへん又は覚醒剤の中毒者
- 自動車等の運転に関しこの法律（道路交通法）若しくはこの法律に基づく命令の規定又はこの法律の規定に基づく処分に違反する行為をした者

　政令で定める病気としては、道路交通法施行令の第33条の2の3（免許の拒否又は保留の事由となる病気等）において、安全な運転に支障がある症状を呈する統合失調症、てんかん、再発性の失神、無自覚性の低血糖症、躁うつ病、重度の眠気の症状を呈する睡眠障害他を挙げている。

　さらに、道路交通法施行規則第23条（適性試験）において、各種免許に必要な視力、色彩識別能力、深視力、聴力、運動能力について合格基準を定めている。

2 事故傾性、事故傾向

1　事故傾性

　交通事故を起こしやすい人はどんな人かという疑問は、交通に関わる人が誰しも抱く素朴な疑問である。その背景には、事故をよく起こす人がいて、その人たちは何か事故と繋がる特徴を持っているに違いないと言う信念のようなものがある。しかし、この考え方については、交通の分野のみならず事故と関わる様々な分野（注1）において過去1世紀に

第4章 運転適性

わたって議論され続けてきた経緯がある。

個人が本来持っている事故の起こしやすさのことを事故傾性（accident proneness）と呼ぶ。この用語はイギリスのFarmerとChambersが1926年に用い始めたと言われているが、当時の著作物に表現は異なるがほぼ同じ意味の用語がいくつも使われていることや事故を起こしやすい人とそうでない人がいることを前提としていると考えられる運転適性検査が各地においてすでに使われていたことなどから、事故傾性概念は専門用語として確立する以前から当時の人たちにとっては共有されていた考え方であったと考えられる。

19世紀末から20世紀前半にかけて、欧米では労働疲労や労働災害に対する問題意識が高まっており、イギリスでは、軍需産業の生産性向上のために1917年に産業疲労研究局が創設されていた。Farmerらの研究は、産業疲労研究局（Farmerらの頃には産業健康研究局に改称）で実施された事故に関する一連の研究の一つであった。産業疲労研究局での事故発生に関する最初の重要な報告は、第一次世界大戦中に軍需工場で働く女性従業員の事故について分析を行ったGreenwoodとWoods（1919）の研究である。彼らは事故が特定の人に偏って発生していること、さらにある月に事故を起こした人の前後数ヶ月の記録を見ると、その月に事故を起こさなかった人に比べて、事故をよく起こしている（2つの連続する期間の事故発生数において相関がある）ことを見出した。彼らは、「個人の事故の起こしやすさの違いが事故の発生分布を決定する非常に重要な要因であり、ある期間の様子がわかればその後の事故率がある程度の正確さで予測できる」（p.9）と述べている。

Newbold（1926）は22の工場に勤める9,000名弱の事故記録を分析した。その結果は、Greenwoodらの報告内容を支持するものであった。さらに、事故を起こしやすい人は、あるタイプの事故だけでなく様々なタイプの事故を起こしていること、工場だけでなく家庭においても事故を起こしやすいことなども見い出している。彼女は個人の事故発生確率に偏りが発生している原因の一部には個人的な傾向があると記載している。

GreenwoodらやNewboldの研究は事故発生分布に関する統計学的な分析であったが、FarmerとChambers（1939）は自動車運転における事故多発者の特徴抽出そして運転手の選抜を目指した交通心理学的な研究を行った。彼らはバス運転手達に対して9種類の検査（うち5つは知覚運動機能の検査（注2））を実施し、交通事故との関係を検討した。その結果、検査の成績が悪かった者は事故が多かったこと、調査の最初の頃に事故が多かった者はその後も事故が多かったことなどを見い出した。検査結果と当初の事故数を元に運転手の選抜をすれば事故が大きく減るであろうという彼らの表明は、事故傾性の究明や事故傾性の高い個人の抽出に関する研究を推進する大きなインパクトとなった。

アメリカのHeinrich（注3）も当時、事故傾性を肯定的に受け入れていた一人であった。災害防止のバイブルとも呼ばれたその著書の中で、彼は、無謀、強情、貪欲、激しい気性、

（注1）たとえば、工場における事故、医療事故、子供の事故等がある。ここでは主として交通心理学分野の研究について言及した。精神分析的観点、心身医学的観点による事故傾性の分析も多数あるが、ここでは取り上げない。事故傾性概念の誕生と発展そして衰退については、Burnham（2009）が参考になる。また、松浦（2000）の解説も有益である。

（注2）反応時間検査のような、提示される刺激に対して適切な反応を行う検査。

神経質等の性格上の好ましくない個人属性は遺伝により受け継がれる可能性があり、災害発生の原因になると説明している。また、彼が提唱していた産業安全の原理では、災害防止に有効な方法として、適切な作業員の採用と配置を挙げていた。

「人は生きるように運転する（A man drives as he lives.）」という有名な言葉はパーソナリティ要因が運転スタイルを決めていること、つまりは事故傾性の存在を示唆している。この言葉はTillmannとHobbsの論文に記載されているが、彼らはロンドンのバスとタクシーの運転手を対象にインタビュー調査をした。その結果、事故の多いドライバーの共通するパーソナリティは低耐性、攻撃性、反社会性であった。さらに、後述する事故傾向と関連する日常生活での生活態度と運転の類似性についても報告している。

事故傾性をうまく捉えることができたとして知られている研究に、ヘルシンキの市電とバス運転手について調査したHäkkinenの研究（1958）がある。100人の運転手が知能検査、性格検査、心身機能検査など14種類の検査を受けた結果、事故をよく起こすかどうかは注意と関連すると考えられる検査項目と関係が深いことがわかった。1979年の論文では、1958年の研究に参加した運転手のうちの66名に対する中・長期の追跡調査の結果が報告されている。そこでは、1958年の調査の事故数は追跡調査の最後の方の期間における事故数とも相関が高いこと、1958年の調査において事故と相関が高かった検査項目は、検査後に何年も経過しているにも関わらず追跡調査においても事故と相関が高いことなどが示されている。職業ドライバーにおいては個人の事故の起こしやすさは長い期間を通して一貫しており、事故を起こしやすいドライバーは適切な検査によって検出することができると彼は結論している。

事故そのものではないが、Summalaらは、危険な運転行動や違反傾向がかなり長い間にわたって継続するものであることを示唆する研究結果をまとめている。彼らはフィンランドにおいて、1987年に速度違反や短い車間での走行など危険な運転をしているドライバー群とそうでない対照となるドライバー群について調査をし、危険な運転をしているドライバーには事故違反記録が多く残っていることを見つけた。そして2012年に再び彼らの直前3年間の事故違反記録を調べてみると、1987年に危険な運転をするグループと分類された人たちの名前は、前回と同じように記録により多く残っていた。

事故傾性の研究は1950年代でピークを迎え、1960年代以降は急速に少なくなっていった。これにはいくつかの理由があったと言われている。一つは、事故傾性と考えられる特性だけを使って事故多発者とそうでない者を上手く選別することができた研究が予想外に少なかったことである。疲労や眠気等の運転状況に依存した要因が引き起こしている事故も多く、事故傾性だけに絞って研究を進めることは実用的ではないことが次第にわかって

（注3）Heinrichは損害保険会社に勤務していた研究者である。1回の重大な傷害事故の発生には29回の軽い傷害事故があり、さらに300回の傷害の一歩手前の状況（ヒヤリ・ハット、ニアミス）が発生するというHeinrichの法則で知られている。彼は傷害の一歩手前の状況さらにはそれを引き起こしている不安全行動を除くことで災害や傷害がなくなると説いた。Heinrichの考え方は災害防止活動に用いられ、多くの成果が得られた。Heinrichの著作『災害防止の科学的研究』（初版1931年）は何度も改訂され読み継がれた。

第4章 運転適性

きた。事故多発者を上手く検出できないことは事故傾性の存在を否定するものではないが、実際の事故防止に効果的には結びつかない研究結果は、人々の期待を裏切るものとなってしまった。このことは事故傾性について様々な定義や考え方を生むことともなり、後々の混乱を招くことにもなった。

また、1960年代には事故傾性研究を否定する政治的な動きがあったとも言われている（Shaw、1971）。事故傾性を認めることは事故傾性の高い個人を排除しようとする動きにつながるであろうことは容易に想像できる。自由と平等、民主や人権を強く求めていた当時の欧米社会にとっては、事故傾性は不都合であり容認しにくい考え方の一つとして認識されることとなってしまった。

さらに、工学的な事故防止技術の進展も事故傾性研究が少なくなっていった大きな要因となった。20世紀後半の科学技術の進歩は交通事故を工学的に防ぐ方向に道があることを強力に示した。交通事故の多くは人間要因にあると言われているが、その不安定な人間要因を技術の力でカバーすることが可能となり始めたのである。この取り組みは、航空機や船舶、鉄道等の大量輸送機関で先行して生じたが、最近になり自動車でも先進安全自動車に関する研究が進み、衝突被害軽減ブレーキ、レーンキープアシスト、ACC（Adaptive Cruse Control）等、様々な安全運転支援システムが実用化されてきている。

2 事故傾向

事故傾性に代わる概念として使われるようになった概念が事故傾向（accident liability）である。事故傾向という言葉自体は、20世紀の初め頃にすでに用いられてはいたが、事故傾性の影に隠れてあまり注目されることがなかった。

事故傾向とは、ある個人がある時期にある環境において示す事故の発生しやすさを示すものである。Lewinの公式 $B=f(P、E)$（注4）が示すように、人間の行動は人間要因と環境要因の相互作用の結果として生じるものである。事故傾性は人間要因のみ、しかも人間要因の中でも生得的な長期的に存続する属性に限定していたが、事故傾向は環境要因、人間要因と環境要因の相互作用を含めて、さらに人間要因は時間とともに特性が変化するものと考えて、事故発生要因を究明しようとするものである。事故傾向は事故傾性を含むより大きな概念であるため、当然、事故との関係は見つけやすくなるが、事故傾向でも事故における寄与率は20-40%にしかならないという推定がある（Mintz & Blum、1949）。

事故傾向は個人の事故率を決定するほぼすべての要因に関するものであり、事故傾性と考えられるパーソナリティや心身機能、性別の他に、年齢や経験、健康状態（疲労、眠気、ストレス、飲酒、薬物、疾病等）、危険予測能力、態度、ライフスタイル等、様々な要因

（注4）Bは行動（Behavior）、fは関数（function）、Pは人（Person）、Eは環境（Environment）を示している。個人の行動がその個人内の特性だけでなく、その個人のおかれた状況によっても影響を受けることを意味している。Lewinはゲシュタルト学派三巨頭の一人で、場の理論、集団力学（グループダイナミクス）等を提唱し、社会心理学の父と呼ばれている。

が含まれることになる。

3　運転適性

　運転適性とは運転免許行政では自動車の運転に必要な諸能力が備わっていることを指すが、一般的には運転適性とは事故を起こさずに運転できる能力のようなものを指して使われている。
　ここでは運転適性を「安全運転へと向かわせる個人の特徴」と定義したい。安全運転には単に事故を起こさないだけでなく、周りに迷惑をかけないという意味を含むものとする。運転は社会的な行為であり、その場にいる人がお互いに気持ちよく過ごせることが大切である。自分は事故を起こさなくても、周囲に事故を起こさせたり、事故には至らなくても怖い思いをさせたり、急ブレーキを踏ませたり、イライラさせたりという運転はトータルで考えると事故を誘発する可能性があるもので安全運転とは言えないであろう。また、適性は一般に現在の状態を指すこともあれば、学習や経験などを通して将来身につけることができるかどうかという潜在的な能力、可能性を指す場合もある。運転適性も両者の意味合いを持つ。さらに、適性は固定的なものでもなく、諸々の影響を受け、長期的にも短期的にも変動するものととらえるべきである。
　安全運転をするための適性としてどのような要因が重要であろうか。諸々の要因が考えられるが、ここでは運転技能、運転態度、パーソナリティ、心身機能の4つを取り上げる。

1　運転技能

　企業の方から、就職して初めて運転し始める若者が増加しており、事故防止の指導に苦慮しているという話を何度か伺ったことがある。彼らのような初心運転者が事故を起こす確率が高い原因の一つは、運転技能が不十分であることが挙げられる。運転技能は、運転免許試験に合格することで一定のレベルに達したとみなされるが、まだなんとか車を運転できるレベルでしかない状態で、とても周囲に気を配ったり、先を予測したりというような余裕はなく、危険予測能力も十分ではない。
　また、近年の高齢ドライバーの増加は、運転技能が低下したドライバーの増加という問題を生み出すことにもなっている。加齢とともに次第に車の微妙なコントロールができなくなり、以前は簡単だった自宅の車庫入れが困難に感じるようになったり、小さな事故を頻繁に起こすようになる。ドライバー本人だけでなく、同乗する者も運転がギクシャクしたものになってきたと変化を感じることも多い。家族は運転が危ないので運転を止めさせたいが、本人が聞き入れなくて困っているというケースも発生している。このような高齢ドライバーの問題に対しては高齢者講習等の対応がなされているが、より適切な解決策を目指してさらなる施策の検討を進めることが必要であろう。
　運転技能に対する自己評価は過大に評価される傾向があること、そして運転技能を過大評価することはリスクを実際よりも低く見積もり、危険な運転を敢行する一因となること

第4章　運転適性

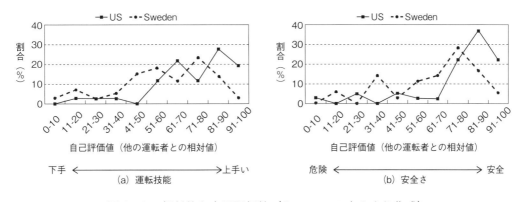

図4-1　相対的な自己評価値（Svensonの表1より作成）

が知られている。運転技能の自己評価についての先駆的な研究を行ったSvenson（1981）は他の運転者との相対評価ではあるが、運転技能の自己評価が過大評価される傾向があることに加えて、危険性は過小評価されることも示している。図4-1はその結果であるが、他の運転者と比較して、(a)は自分の運転の技能を上手い下手で評価した結果、(b)は安全か危険かを評価した結果である。50点以上をつけたのは運転技能でアメリカ87.5％、スウェーデン77.1％、安全さでアメリカ92.7％、スウェーデン68.7％であり、半数を大きく超える多くの人が自分の運転は上手い、安全と評価していた。この傾向はスウェーデンよりもアメリカにおいて強い。一般にアメリカよりもスウェーデンのほうが交通事故が少ないと言われており、自己評価に関する調査では逆の結果が得られていることは興味深い。運転技能の自己評価に関する研究をレビューした松浦（1999）によると、運転技能の自己評価の過大傾向は、女性より男性の方が、年長者より若者の方が強くみられるという。

2　運転態度

　その人が運転についてどう考えているか、どういう態度を持っているかによって、運転は大きく変わる。このため、運転態度は交通事故を起こす要因（あるいは逆に交通事故を防ぐ要因）として古くから重要視されてきた。

　運転態度とは、運転に関係する様々な事項に対する態度の複合体と捉えることができる。事項の構成要素として、交通法規遵守、シートベルト着用、携帯電話使用、速度や車間距離の取り方、歩行者や（自転車を含めた）他車に対してどう配慮するかという他の交通参加者に関する対応等が考えられよう。もちろん、運転態度はより上位の安全全般に関する態度とも関連していると思われる。

　態度には、認知的成分、感情的成分、行動的成分の3つの要素があるとされる（態度の三成分モデル：RosenbergとHovland（1960））。認知的成分はその人がある対象に対して持つ情報や知識、信念、考えに基づいて判断しようとすることをいう。交通法規を順守しなければというのは認知的成分であり、他の人もやっているのだから多少の違反は問題ないだろうと判断するのも認知的成分である。感情的成分はその人がある対象に対して感じ

る感情である。感情はよく快―不快の次元で表されるが、ある対象から快感情を得た場合は、その対象に対して好意的な態度へと導かれる。逆に不快感情を得た場合には、その対象に対して非好意的態度、拒否的態度となる。人間は理性的な判断や行動をしているという期待を込めた思いがあるが、案外と感情に支配されて行動している側面が強いものである。行動的成分は態度の動機的な成分と言われる。行動を起こす意図を持っているかどうか、実際に行動に移すかどうかという側面である。認知的成分と感情的成分がある対象に対する態度の方向性を決定するのに対して、行動的成分は態度の発現性に関与している。

諸々の研究において、態度と実際の行動の相関は期待しているほどは高くはないことが明らかとなっている。この態度と行動の不一致を説明するものとして、TPB（Theory of Planned Behavior）がAjzen（1985、1991）によって提案された。TPBは計画行動理論とか予定行動理論とか訳されることもあるが、定訳がない。TPBでは態度、主観的規範（身近な人にどう思われるか）、主観的行動統制力（自分で行動をどの程度コントロールすることができるか）の3つ要素から意図が生まれ、さらに行動へと転化すると考える。

実用的には、態度は教育や訓練により変えることが可能である点が重要である。態度変容には幾つかの方法がある。まずは説得（注5）という方法があるが、現実的にはなかなかうまくいかないことは誰しも経験していることである。論理的には理解（認知的成分）できても、気持ちとしては受け入れがたいあるいはむしろ反発する（感情的成分）という相反する状態となってしまうこともある。交通安全に関する場合も同様で、講習等で説明を受けて、頭では理解しても、態度変容までは繋がらないケースが多い。

講習会等において、悲惨な交通事故の映像を見せたり、スタントマンによる事故の実演を見せたりすることが行われているが、これらはスケアード・ストレイト（scared straight）と呼ばれる教育技法である。主として参加者の感情面、態度の感情的成分に訴えて態度変容を図ろうとするものであり、交通安全教育だけでなくいろいろなところで使用されている。しかし、その効果を疑問視する意見もある。

集団討議並びに集団決定（注6）も古くから知られている態度変容を導く方法である。講義形式では講師からの一方的な意見の押し付けになる場合もあり、聴衆に心理的反発をもたらすおそれもある。これに対して、参加者が意見を出し合い納得のいく議論をした結果は参加者に受け入れられやすい。加えて、議論だけでなく個人としての意思表明を行うとさらに強化されることが知られている。

3　パーソナリティ

パーソナリティ（注7）は個人の行動に一貫して表れる特徴を指す。パーソナリティの諸理論は類型論と特性論に大別することができる（注8）。類型論は個々人の持つパーソナリティをいくつかの典型的なタイプ（型）に分類しようとするものであり、古くはJungの向性と心理機能の組み合わせによる分類、Kretschmerの体型による分類等がある。類

（注5）他者からの言葉による働きかけ。働きかけを行う人、働きかけが行われる状況等により影響力が変わる。

型論はパーソナリティを代表的ないくつかのタイプに分けるため、わかりやすいという長所がある反面、細かな個人差がつかめないという欠点がある。一方、特性論は少数の因子（尺度）で個人のパーソナリティ特徴を表現しようとするものである。特性論は類型論よりは詳細にパーソナリティを把握しようとするものであるが、詳細になればなるほど全体像がつかみにくくなるという欠点を持つ。特性論に立つ研究者として、Allport、Cattelle、Eysenckがいるが、最近では5つの因子を用いてパーソナリティを表現するビッグファイブ（性格5因子論）がよく用いられている。

　パーソナリティ分野でよく使われている諸理論やテストをそのまま使って交通事故や運転行動との関係を見ようとしても関連が見つからない、あるいは見つかっても他の研究との整合性が取れないことも多い。このため研究者達は、独自の質問紙の考案やインタビュー等を通して、関連を見出そうと努力してきた。事故をよく起こすドライバーのパーソナリティとして様々な特徴が挙げられているが、日本における研究の一部を表4−1に示す。

（注6）集団決定に関する最初の研究は、Lewinが実施した主婦を対象とした食に関する研究であった。戦時中の食料不足解消並びに栄養摂取のために、食習慣のない肉の内臓を食べてもらおうと二つの方法で主婦の態度変容を試みたところ、講義形式では3％しか効果が見られなかったが、集団決定形式では32％に態度変容を生じさせることができた。

（注7）類似した用語に気質や性格、人格がある。気質は遺伝的要素が強いものに使う。性格はパーソナリティと非常に類似しており区別が難しい。パーソナリティはペルソナ（仮面）を語源に持つため、個人が外界に適応する様をとらえたものというニュアンスがある。性格（キャラクタ）は刻みつけたものが語源であり、表面的な特徴は変化するがその奥には不変的な核となる特徴があるとみる。また、パーソナリティは性格と知能を含めたものとする用い方もある。パーソナリティの訳語として以前は人格が用いられていたが、人格者という言葉があるように、人格には倫理的な価値判断が付きまとうので、最近は用いないことが増えてきている。

（注8）Freudの精神力動理論等の臨床心理学分野における諸理論もあるが、ここでは扱わない。

表4-1　交通事故と関係が深いとされるパーソナリティ

研究者	パーソナリティ特徴	補足
宇留野藤雄(1975)	非協調的、人間関係不良	批判的、ひねくれ、頑固など
	情緒不安定、衝動的	刺激場面や欲求不満場面ですぐにカッとなる
	緊張過度	抑圧的、漠然たる不安を持つ
山下　昇(1978)	反社会的傾向	非協調的、批判的、人間関係不良
	衝動的、感情的	カッとなりやすい
	不安傾向	緊張過度、抑圧的、あせり
	自己中心的	他者の行動の予測ができない、ひとりよがり
丸山欣也(1980)	軽率	動作優先、拙速、衝動性、早まった動作
	軽信	見込みが甘い、危いと感じない、危いことを敢行
	興奮性	感情的、いらいらしがち、こらえ性がない
	自分本位	他人の気持ちになれない、協調・共感性欠如
大塚博保(1983)	自己中心的傾向	攻撃性、自己中心性、非協調性
	自己顕示的傾向	自己顕示性、自己陶酔性
	衝動的傾向	衝動性、自己抑制欠如
	反遵法的傾向	反遵法性、横着さ
薮原　晃(1988)	情緒不安定性	神経質、緊張過度、気分易変性、抑うつ性、感情高揚性
	自己中心性	非協調的、主観的、共感性欠如、攻撃的、ルール無視
	衝動性	自己制御力欠如、軽率、リスクテイキング
菊池哲彦(1994)	自己中心性、主観性	不注意な事故が関連
	衝動性	速度の出しすぎ、無理な追い越しが関連
	反社会性	規則違反が関連
	過信	大丈夫行けるといった状況が関連

4　心身機能

　運転は時間に制約がある行為であり、交通事故を起こさないためには運転の基礎となる心身の諸機能が適切に働いている必要がある。このため、心身機能の検査は、古くから運

第4章　運転適性

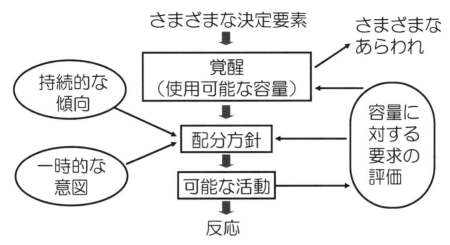

図4-2　Kahnemanの注意制限容量モデル

転手の選抜や事故多発者の抽出に利用されてきた。

(1) 視覚機能

　知覚機能、特に視覚は運転に欠かせないため、事故との関連については多くの研究がある。加齢や疾病等により運転に支障をきたすほど視覚機能が大きく低下した者を除けば、全体として視覚機能と事故との関連性はさほど高くない。これは、視覚機能の低下は自覚できることが多く、自身の視覚機能に応じた運転へと運転行動を適応させている（補償運転）ためと考えられる。高齢者が夜間は見えづらく感じるため運転は控えるようにしていること等はその例である。

　そのなかでBallやOwsley達（1993、1994）は高齢者294名を対象に視覚を主とする機能と事故の関係を調査し、事故ともっとも関係が深かった機能は有効視野であったと報告している。高齢化社会に入り、高齢ドライバーの運転事故が社会問題となっている我が国としては注目すべき結果であろう。

(2) 注意機能

　注意については、Kahneman（1973）の注意制限容量モデルがよく知られている（図4-2参照）。注意は覚醒レベルと関係が深いが、覚醒レベルは前日の睡眠時間や体調、作業の単調さ等のさまざまな要因によって決定される。低覚醒状態では注意容量は小さく、適度な覚醒状態では注意容量が大きくなる。極端な高覚醒状態はパニック状態であり注意容量は小さくなる(注9)。注意容量の全体量が決まると、人はそれを現在行っている作業に振り分ける。運転であれば、免許取得中の自動車学校教習生のような場合を除けば、ほ

(注9) 覚醒レベルとパフォーマンス（行動の遂行成績）の関係として、古くからYarkesとDodsonの法則が知られており、ここでの注意容量をパフォーマンスと置き換えたものに等しい。横軸に覚醒レベル、縦軸にパフォーマンスをとると、山型の曲線となるが、難しい課題の場合は、覚醒レベルが多少低いときにパフォーマンスが最大となり、単純で容易な課題の場合は、覚醒レベルが比較的高い時にパフォーマンスが最大となる。初心ドライバーにとってはあまり緊張しすぎないことが、熟練ドライバーにとっては、覚醒レベルを高い状態で維持することが重要である。

とんどの場合は、運転しながら、同乗者と会話をしたり、音楽を聞いたり、何か考え事をしたりといったことを行っている。この時、注意の配分は、その人の持続的な傾向と一時的な意図によって決まる。持続的な傾向は、たとえば、安全運転態度やパーソナリティといった長期的にその人が持っているものである。安全運転態度が強い人であれば運転に対して多くの注意容量を割り当てるであろう。一方、一時的な意図については、持続的な傾向として安全運転を志向する傾向が強くとも、何か心配事を抱えているようなときは運転が多少疎かになるであろうし、持続的な傾向としては安全運転を志向する傾向が弱くとも、交通事故を起こした後やヒヤッとした体験をした後などはしばらくは運転に注意容量を多く割り当てるという例を挙げることができる。また、行動の結果として、注意容量や配分が適切であったかについては随時、評価が行われて更新されていく。

注意には、注意を狭い範囲に限定して深い処理をするか広く浅い処理をするかという、注意の深さと広さの相反性（トレードオフ）がある（Hartmann、1970）。ある一点を見ている時にその点をしっかりと見ようとするとなんらかの情報処理ができる視野（有効視野）の範囲が狭くなる。逆に、さらっと見る程度であれば有効視野を広く取ることができる。

注意は実験心理学では非常に活発に研究がなされている分野の一つであり、最近では非注意による見落とし（inattentional blindness）や変化の見落とし（change blindness）など交通事故と関わりが深いと思われる現象が報告されている。

非注意による見落としとは、注意を向けていない対象に対しては、意識から排除するようなメカニズムが働くというものである。Simonsらはこの現象を非常にうまくみせるデモ動画を作成している。彼らの動画では白いシャツを着た4人と黒いシャツを着た4人がそれぞれ1個ずつバスケットボールを使って、お互いに入り乱れながらパス回しをする。見ている人には白いシャツを着ているチームのパス回数を数えてもらう。途中、着ぐるみのゴリラが出てきて画面の真ん中でドラミング（胸を叩く行動）をやって去って行くのだが、多くの人が着ぐるみゴリラに気づかない。彼らの実験ではゴリラに気づいたのは42%だった。ところが、黒いシャツのチームのパス回しを数えた場合には正解者の割合が83%に増加した（Simons & Chabris、1999、チャブリスとシモンズ、2011）。

一方、変化の見落としとは、十分に認識可能な変化があるにもかかわらず、その変化を認識できない現象をいう。瞬時の変化、徐々に発生する変化のどちらに対しても生じる。

田園地帯のような見通しのよい交差点において、交差道路を走行する車両との出合頭事故が予想外に多く発生している。内田ら（1999）の解析によると、道路が直交するような見通しの良い交差点において、2台の車両が一定速度で衝突するタイミングで進入する場合は、交差する道路上の車両はドライバーの視野内の一定の位置に存在し続けることになり、ドライバーにとってはほとんど動きがないことになる。このため、交差点自体は見通しがよくても交差道路を交差点に接近してくる車両の発見が難しくなる。

(3) 知覚運動機能

知覚運動機能は外界の変化を知覚し適切に反応をする機能であり、視覚機能、注意機能、運動機能等を統合したものとも言える。車の運転は、認知、判断、操作の繰り返しであるとよく言われることからもわかるように、知覚運動機能は運転能力と密接な関係があると

考えられてきた。運転適性検査において機械検査が用いられるのは、この知覚運動機能を計測するためである。

普段車を運転していて、とっさの対応ができずに事故となったり、うまく対応ができて事故を免れたりということを体験することから、事故を起こすような人は反応が遅いのではないかと考えがちであるが、単純な反応時間の計測だけでは運転適性が推定できないことは、1910年代にはすでに知られていた。しかし、反応時間は本人の内的状態や周囲の環境の劣化を敏感に反映することから、今なお、様々な状況において反応時間が計測され、交通事故との関係が検討されている。

知覚運動機能に関する研究の中で最も注目を集めたのは Drake の行った研究であろう（第1章参照）。彼は、女性工場労働者に対して、運動関連のテストと知覚関連のテストを行った。その結果、運動関連のテストの成績の方が知覚関連のテストの成績よりも良い人の場合は事故指標（事故回数×重大さ／勤務月数）が高いことが多かった。このような結果から、彼は、知覚機能よりも運動機能のほうが優位である人が事故を起こしやすいとする仮説を提案した。この仮説は注目を集め、その後多くの関連研究が行われた。ドレイクの仮説は、後述する速度見越反応検査や重複作業反応検査等の運転適性検査の理論的根拠となっている。

松永は反応のバラツキが事故と関係が深いとしている。運転中に危険な対象に気がつくのがいつも遅れるようタイプの人は容易にそれに自覚可能で適応するであろうが、バラつくようなタイプの人はその自覚が困難であり、反応が突然遅れるような状態において事故になるという。

4 運転適性検査

適性検査（aptitude test）とは、その人が仕事等の多少なりとも専門的な活動をする能力があるか、向いているかどうかをみる検査のことである。広く捉えるのであれば入学試験や採用試験、知能検査[注10]等多くの試験、検査は適性検査であると言える。

1 運転適性検査の歴史

運転手の選抜に関する最初の科学的研究はアメリカで実施された Münsterberg の研究（1912年）であると言われている。彼は独自の検査機器を考案し、市電運転手や船舶乗組員を対象として研究を行った。翌1913年には、フランスの Lahy がトラムを経済的に運転する運転手を選抜する検査について報告している。少し遅れて、航空機パイロットや自動車運転者選抜の研究も相次いで実施されており、その結果、1920年代にはヨーロッパやアメリカで様々な運転適性検査が使用されるようになっていたようである。

日本では、1930年代に陸・海軍や東大航空研究所航空心理部にて航空員の適性検査が研究されている。鉄道運転手に関しては、1948年に日本国有鉄道において鉄道部内職員採用時適性検査規程が制定され、運転適性検査として内田クレペリン検査[注11]と知能

検査を実施することとなり、1950年に運転考査が実施されている。自動車運転者に関しても1960年頃には各種の検査が使用されるようになっていた。当時は、ペーパー検査では科学警察研究所の運転適性検査（66型）、機械検査では、処置判断検査、速度見越反応検査、重複作業反応検査がよく用いられていた。

2　現在使用されている運転適性検査

（1）警察庁監修の運転適性検査

　警察庁科学警察研究所が監修したテストである科学警察研究所編運転適性検査73型は1973年以来主として運転免許行政処分者を対象とした運転者教育に利用されている。この検査は運転行動能力と性格特性を測定することを目的として作成された。この検査における運転行動能力とは、精神活動性、動作の正確さ、動作の速さ、衝動抑止性に関する能力である。一方、性格特性としては情緒安定性（自己顕示性、神経質傾向、抑うつ性、感情高揚性、攻撃性、非協調性）を測定している。73型には基本となる73-1型の他に、免許停止処分者講習向けの73-2型や免許取消処分者講習向けの73C型といったバリエーションがある。

　警察庁方式運転適性検査K型は73-1型の短縮バージョンとして作成されたテストである。このテストは、状況判断力と動作に関わる6つの作業検査法検査と1つの質問紙法の性格検査から構成されている。これらの結果を元にして、状況判断力、動作の正確さ、動作の速さ、衝動抑止性、情緒安定性（神経質傾向、回帰性、感情高揚性、攻撃性、非協調性、自己顕示性）の特性の抽出、総合判定を行う。各特性の得点を元に、うっかり型、せっかち型、気遣い型、責任転嫁型、注意散漫型、無頓着型、戸惑い型、運転軽視型、じっくり型、安定型の10の型に整理することができ、自動車学校で使用する場合には、受検者の型に応じた教習指導や助言ができるよう配慮されている（運転適性研究会、1978、2011）。K型には結果の処理方法の違いによってK-1型、K-2型、K-4型がある。

　この他に運転場面に対する質問を通して運転適性（安全運転態度）を判断しようとするテストとして科警研編運転適性検査82-3型や90-3型、安全運転態度検査（警察庁方式安全運転事故診断）SAS等がある。82-3型は短期免許停止処分者講習において安全指導をおこなうことを目的として開発された。自己顕示性、自己中心性、非遵法性、衝動性の4つの項目を元に総合判定を行う。90-3型は初心運転者講習向けに作成されたテストである。危険予測欠如、スピード不適切、技量過信、積極的危険接近、自己抑制欠如、自己満足の6項目を元に総合判定をおこなう。安全運転態度検査（警察庁方式安全運転自己診断）SASは運転免許更新時講習で使用することを想定しているため、結果の処理が自分で可能な様式となっている。

（注10）最初の知能検査はフランスのビネーによるもので、小学校の教育を受ける能力があるかどうかを入学前に判断できないかというパリの教育委員会からの相談を受けて作成したと言われている。
（注11）ドイツの精神医学者クレペリンが連続加算作業において見出した作業曲線を元に、内田勇三郎が開発した作業検査法の検査。

表4-2　警察庁方式CRT運転適性検査の構成

検査	概要
緊急反応検査	刺激に対して右足で反応する。単純反応検査。
連続緊急反応検査	連続して提示される刺激に対して右足で反応する。連続単純反応検査。
信号確認検査	3種類の刺激に対して、両手右足を使って反応する。3刺激選択反応検査。
アクセル反応検査	2種類の刺激に対して、右足を使ってそれぞれ決められた方法で反応する。2刺激選択反応検査。
アクセル・ブレーキ反応検査	3種類の刺激に対して、右足を使ってそれぞれ決められた方法で反応する。3刺激選択反応検査。
側方警戒検査	視野の中心部と周辺部に提示される刺激に対して、右手と右足で反応する。注意集中配分検査。
ハンドル操作検査	提示される刺激に対してハンドルを用いて反応する。認知動作検査。

　機械検査としては、警察庁方式CRT運転適性検査がある。この検査は、緊急反応検査、連続緊急反応検査、信号確認検査、アクセル反応検査、アクセル・ブレーキ反応検査、側方警戒検査、ハンドル操作検査の7種類の下位検査から構成されている（表4-2）。結果として、反応動作の速さ、適度な精神緊張の維持、動作の確かさ／見込反応、注意の配分／注意の集中分散、状況処理の巧みさの5つの項目が評価される。さらに総合的評価も得ることができる。

（2）独立行政法人自動車事故対策機構の適性診断検査

　独立行政法人自動車事故対策機構は、業務として適性診断（自動車の運行の安全を確保するため、自動車の運行の態様に応じ運転者に必要とされる事項について心理学的又は医学的な方法による調査を行い、必要に応じて指導すること）を実施することが定められている（独立行政法人自動車事故対策機構法第13条）。その前身である自動車事故対策センターの時代から適性診断業務が法律に基づき実施されていたが、当時は一般診断の検査としては、ペーパー検査（性格テスト、危険感受性テスト、安全運転態度テスト）、機器検査（処置判断テスト、速度見越反応テスト、重複作業反応テスト）、各種の視力検査（視力、深視力、視野、動体視力、夜間視力）が用いられていた（神作、1983）。

　現在は、適性診断のためにインターネットを利用したコンピュータ型のテスト（ナスパネット）を開発し活用している（独立行政法人自動車事故対策機構、2009）。このシステムは、動作型テスト（注意配分測定、動作の正確さ測定、判断・動作のタイミング測定、模擬運転診断、視覚機能測定）、質問紙型テスト（性格、疲労蓄積測定、SAS（睡眠時無呼吸症候群）関係測定）から構成されるものである。模擬運転診断はコンピュータグラフィックスによるコースを走行して、安全エコ運転度診断、予防安全運転度診断、先急ぎ運転度診断、思いやり運転度診断の4つの項目が評価されるとともに、従来は問診方式であった安全運転態度と危険感受性診断を代替して評価している。視覚機能測定では、動体

視力機能（横方向）、眼球運動機能、周辺視野機能の3項目が評価されるが、眼科学で使われている診断方法とは異なる独自のものである。

（3）株式会社電脳のOD式安全性テスト

OD式安全性テストは、1967年に開発された自動車教習所や企業等でよく用いられている質問紙法、作業検査法、投影法の3つの方法を組み合わせたペーパー検査である（電脳、1994）。現在は自動車教習所向けの検査と企業向けの検査が用意されている。

検査の結果をもとに16の特性の評価を算出する。16特性とは運動機能に分類される注意力、判断力、柔軟性、決断力、緻密力、動作の安定性、適応性、健康度・成熟度に分類される身体的健康度、精神的健康度、社会的健康度、性格特性に分類される情緒不安定性、衝迫性・暴発性、自己中心性、神経質・過敏性、虚飾性、そして運転マナーである。16特性を各5段階、もしくは3段階で診断し、運転適性度（運動機能を中心とした評価）と安全運転度（健康度・成熟度、性格特性、運転マナーを中心とした評価）から総合的な診断をおこなう。総合評価では運転適性度と安全運転度のバランスでタイプ分けが行える。双方共に高い場合を安全運転タイプ、運転適性度は高いが安全運転度が低い場合は重大事故傾向タイプ、運転適性度が低く安全運転度が高い場合はもらい事故傾向タイプ、双方共に低い場合は事故違反多発傾向タイプと分類される。

性格については、6つの基本パターンとその組み合わせで計男女それぞれ44パターンに判定がなされ、より細かく受検者の特徴を把握し、教育指導に活かすことができるようになっている。6つの基本パターンとは、強気で自己中心的なP型、弱気で内省過剰なN型、勝ち気で嫉妬深いH型、開放的で社交的なZ型、非社交的で生真面目なS型、がんばり屋で融通のきかないE型である。

3　運転適性検査実施上の注意点

運転適性検査を実施するにあたっては、検査の手引きをよく読み、その指示に従うことがまず大切である。間違った方法で実施された検査は全く役に立たないばかりか、悪い影響を及ぼしかねない。検査について熟知し、慎重に実施するようにしたい。

受検者に検査について十分な説明を行い、理解したかどうかを確認して、（原則として）文書で同意を得ることをインフォームド・コンセントという。受検者が幼児や児童の場合は保護者の同意を得ることが必要である。また、受検者は検査結果を知る権利がある。したがって、検査の結果はすみやかに受検者（あるいは検査の依頼者）に伝える必要があるが、このときの伝え方や結果の活用の仕方には十分に配慮しなければならない。

また、検査実施者には結果の守秘義務があるのはもちろん、検査結果の保管および最終的な処分方法に十分留意し、個人情報が漏洩しないようにする必要がある。近年、個人情報漏洩が大きな社会問題となっており、個人情報は厳密に管理をすることが求められている。

文　献

Ajzen, I. (1985). From intentions to actions : A theory of planned behavior, In J. Kuhl, & J.

Beckmann, (Eds.), Action-Control : From Cognition to Behavior, Heidelberg : Springer.

Ajzen, I. (1991). The theory of planned behavior. *Organizational Behavior and Human Decision Processes*, 50, 179-211.

Ball, K., Owsley, C., Sloane, M.E., Roenker, D. L., & Bruni, J. R. (1993). Visual attention problems as a predictor of vehicle crashes in older drivers. *Investigate Opthalmology and Visual Science*, 34, 3110-3213.

Burnham, J. C. (2009). Accident prone. The University of Chicago Press.

Drake C. A. (1940). Accident-proneness. *Character and Personality*, 8, 335-341.

独立行政法人自動車事故対策機構 (2009). 適性診断活用講座テキスト 独立行政法人自動車事故対策機構.

Farmer, E. & Chambers, E. G. (1939). A study of accident proneness among motor drivers. Medical Research Committee, Industrial Health Research Board Report 84.

Greenwood, M. & Woods, H. M. (1919). The incidence of industrial accidents upon individuals. Medical Research Committee, Industrial Fatigue Research Board Report 4.

Hartmann, E. (1970). Driver vision requirements. SAE, 700392, 692-630.

Häkkinen, S. (1979). Traffic accidents and professional driver characteristics. *Accident Analysis & Prevention*, 11, 7-18.

ハインリッヒ (1951). 世界の安全衛生名著全集2 災害防止の科学的研究 三村起一監修 日本安全衛生協会.

株式会社電脳 (1994). OD式安全性テスト解説書：学科教習用 株式会社電脳.

Kahneman. D. (1973). Attention and Effort. Prentice-Hall, New Jersey.

クリストファー・チャブリス，ダニエル・シモンズ (2011). 錯覚の科学. 木村博江訳 文藝春秋.

神作博 (1983). 適性診断テストの解説. 自動車事故対策センター.

菊池哲彦 (1994). 自動車交通事故の心理学的研究. 企業開発センター交通問題研究室.

松永勝也 (2006). 自動車の運転事故の発生メカニズム. 松永勝也編, 交通事故防止の人間科学 (第2版), ナカニシヤ出版.

松浦常夫 (1999). 運転技能の自己評価に見られる過大評価傾向. 心理学評論, 42 (4), 419-437.

松浦常夫 (2000). 事故傾性と運転適性. 蓮花一己編集. 交通行動の社会心理学, 北大路書房

丸山欣也 (1980). 人の事故親和特性. 自動車技術, 34 (3), 199-205.

Mintz, A. & Blum, M. L. (1949). A re-examination of the accident proneness concept, *Journal of Applied Psychology*, 33 (3), 195-211.

Münsterberg, H. (1913). Psychology and industrial efficiency. Riverside Press.

Newbold, E. M. (1964). A Contribution to the study of the human factor in the causation of accidents. Medical Research Committee, Industrial Fatigue Research Board Report 34, 1926. In W. Haddon, E. A. Suchman, & D. Klein (Eds.) Accident Research. Harper & Row (一部抜粋掲載).

大塚博保・貝沼良行・磯部治平・山口卓耶・中島茂樹・松浦常夫・奈須田吉則・伊豆勝明・小菅孝嗣 (1983) 科警研編運転適性検査82-3 開発に関する研究. 科学警察研究所報告 (交通編), 24 (1), 38-52.

Owsley, C. (1994). Vision and driving in the elderly, *Optometry and Vision Science*, 71 (12), 727-735.

クリストファー・チャブリス，ダニエル・シモンズ (2011). 錯覚の科学. 木村博江訳 文藝春秋.

Rosenberg, M. J., & Hovland, C. I. (1960). Cognitive, affective and behavioral components of attitudes. In M. J. Rosenberg, C. I. Hovland, W. J. McGuire, R. P. Abelson, & J.W.Brehm (Eds.) Attitude Organization and Change. New Haven : Yale University Press.

Shaw, L. (1971). The validity and usefulness of the concept of accident proneness. In L. Shaw and H. Sichel (Eds.) Accident Proneness, Pergamon Press.

Simons, D. J. & Chabris, C. F. (1999). Gorillas in our midst : sustained inattentional blindness for dynamic events. *Perception*, 28, 1059-1074.

Summala, H., Rajalin, S., & Radun, I. (2014). Risky driving and recorded driving offences. *Accident

Analysis & Prevention, 73, 27-33.

Svenson, O. (1981). Are we all less risky and more skillful than our fellow drivers? *Acta Psychologica*, 47, 143-148.

Tillmann, W. A. & Hobbs, G. E. (1949).The accident-prone automobile driver. *The American Journal of Psychiatry* , 106 (5), 321-331.

内田信行・藤田和男・片山硬（1999）．見通しのよい交差点における出合頭事故について，自動車技術会論文集，30（1），133-138.

宇留野藤雄（1975）．改訂交通心理学，技術書院.

運転適性研究会（1978）．警察庁方式運転適性検査K型実施手引（改訂版），社団法人全日本指定自動車教習所協会連合会・財団法人全日本交通安全協会.

運転適性研究会（2011）．運転適性からみた安全指導（改訂版），社団法人全日本指定自動車教習所協会連合会・財団法人全日本交通安全協会.

藪原晃（1988）．事故者の特徴と適性管理．三隅二不二・丸山康則・正田亘（編）応用心理学講座2　事故予防の行動心理学，福村出版.

山下昇（1978）．運転適性と免許取得条件．*IATSS Review*，4（1），12-19.

第5章 交通教育心理学

1 交通教育心理学とは

　道路交通（以下「交通」と記す）事故を低減するための代表的な対策には、第3章で述べた3(4)Eがある。日本の対策をみると、道路の整備や拡張に利用できる土地に限りがあるため、環境的対策が困難な場合が多い。

　さらに、道路を整備・拡張しても、またはブレーキが自動的に作動するなどの先進安全運転支援システムを搭載した自動車が普及しても、それを使用する交通参加者（ドライバーや歩行者など）が安全を志向しなければ、速度超過や車間距離保持不足などの不安全な行動を招き、環境や工学的対策の効果を最大限に発揮できず、かえって交通事故の危険性を高める可能性がある（注1）。

　以上の点から、事故の危険性を低減するための対策として、交通参加者自身を対象にした教育的対策が各国で行われている。特に日本では、事故防止や快適な交通社会の実現のために、思いやりやマナーといった交通参加者の態度の育成に重きを置きやすく、子どもから高齢者までを対象にした交通安全教育が各所で実施されている。

　日本の交通安全教育を歴史的な観点から瞥見すると、昭和30年代以降の第一次または第二次交通戦争（注2）の最中、事故低減が急務となり、交通法規遵守の徹底やマナーの向上を目指した教育が実施されるようになった。これらの取組みは交通事故の低減に大きな役割を果たしたが、さらなる交通事故の低減を目指して、場当たり的な対策ではなく、教育を受講する人間の心理を捉え、教える内容や方法を理論的な観点から考案し、実践しようとする動きが研究者および実務家の中から生じるに至った。

　心理学の一領域である教育心理学は、人間にとって教育とは何かを考究することや、効果的な教育を実践するための原理や原則を明らかにすることを研究の主眼としており、交通安全教育の中でも教育心理学の知見は広く活用されようとしている。

　しかしながら、事故の低減や快適な交通社会の実現のためには、教育心理学の一般的な考え方を理解して実践することに加えて、交通社会特有の状況を踏まえた理論の構築と取り組みが求められる。

　このような背景から"交通教育心理学"といった学問領域が重要となるが、この名称の研究分野は、現在までのところ確立されておらず、交通心理学の領域の中で、交通参加者の心理を考慮した教育の理論の構築や、効果的な交通安全教育に関する研究が実施されている。

　本章では、教育心理学の一般的な理論について記し、安全教育を実施する上で配慮すべき内容を交通心理学的観点から概説する。

(注1) ワイルドは、交通事故の低減のために、交通参加者のリスクの目標水準（どの程度リスクを冒すかの水準）を低下させることが重要と述べている（ジェラルド, 2007）。

(注2) 自動車交通の急成長とともに、交通事故の発生件数も増加し、交通事故による死者数が日清戦争での日本の戦死者を上回る状況となったことから、これを「交通戦争」と称するようになった（警察庁, 2005）。

2 教育の定義

　心理学では、外からは直接観察できない構成概念（注3）を扱う場合が多く、対象としている概念を一義的に定義しないと、間違った考えや方法のもとデータを収集することになり、妥当性や信頼性のない結果の解釈や実践を遂行してしまう可能性がある。

　本研究で対象とする"教育"についても定義を明確にする必要があるが、一般的には、教育とそれに係わる概念は区別されないで使用される場合が多い。教育と同様に、人間の行動や態度などの変容に係わる用語には、学習、トレーニング、コーチング、さらには、カウンセリングがあるが、これらは下記のように定義づけられるのが一般的である。

【教育（Education）】

　教育について、広辞林（三省堂編集所編，2003）では以下のように定義されている。
① 善徳に導くこと。教えて知識を啓発させること。
② 成熟しない者の身体上および精神上の諸性能を発揮させるために、諸種の材料や方法によって、比較的成熟した人が、ある一定期間、継続して行う教授的行動。

　この点から、"教育"とは、「人間を善徳に導くために、比較的成熟した人（教育者）が実施する一定期間の教授的行動」と考えることができる。また、心理学の中では、ティーチング（Teaching）という用語も使用されるが、これは教授することに力点が置かれる場合が多い。

【学習（Learning）】

　教育と似た概念に学習がある。心理学では、"学習"を「経験や訓練により比較的永続的に行動が変容すること」と定義している（注4）。教育は比較的成熟した人による教授的活動を意味しているのに対し、学習は必ずしも教育者が存在する必要はなく、あくまでも何らかの行動や技量・能力を習得しようとする人（学習者）自身の自発的な活動による行動変容およびその過程と考えることができる。さらに、学習は人間の行動や技量・能力の変容を目指すものであるが、教育は行動や能力・技量の変容に加えて、態度や価値観の変化を最終的な目標としている。

【トレーニング（Training）とコーチング（Coaching）】

　教育や学習の手法や考え方として、トレーニングやコーチングがある。"トレーニング（訓練）"とは、教育者が学習者に能力や技能を習得させるための教育的活動である。コーチングの詳細については、第8章を参照いただきたい。

　トレーニングとコーチングの違いは、両者の英語に含まれる乗り物を考えると理解しや

（注3）観察可能な行動から推論されるもので、ある事柄を説明・予測するのに用いられる心理学的概念。構成概念の例として、態度や動機づけなどがある。
（注4）学習は経験や訓練による行動変容と定義されるため、成熟や疾患などの影響は学習とは言わない。また、学習は比較的永続的な行動変容を意味するため、疲労や薬物などの効果は学習の定義から除外される。

すい。トレーニングには、トレイン（Train：電車）の用語が含まれるように、目的地（ある行動や技量・能力などの習得）までの線路（目標までの過程）が予め敷かれており、教育者の教えのもとに成立する。これに対し、コーチングはコーチ（Kocsi：ハンガリー語、四輪馬車）に由来しており、目的地までの経路が予め決められておらず、路上で馬車を操るが如く、学習者自らがコーチとの関係の中で何らかの行動や技量・能力を向上させようとする手法や考え方である。

【カウンセリング（Counseling）】
　心理学の中では"カウンセリング"という用語を頻繁に耳にする。カウンセリングの詳細については、第7章を参照いただきたい。交通心理学の場合、交通行動や交通に対する認識に問題のある人間や事故多発者、さらには集団・組織を対象にして交通カウンセリングと称する活動が実施されている。

　以上のように、教育と教育に係わる概念では、教育者と学習者との関係や、成し遂げようとする目的が異なるため、これらの違いを意識して研究や実践活動を行わないと、的外れの結果を招くことになる。

3　教育心理学の理論

　事故がなく快適な交通社会の実現を目指して、交通参加者に安全な歩き方や車の乗り方、さらには、他の交通参加者との接し方を教えるためには、教育心理学の一般的な理論を理解したうえで、交通社会の実情に応じた研究および実践活動を行うことが求められる。
　教育心理学の代表的な理論の中には、適切な交通行動を習得するための学習に関する理論や、安全や教育に対する人間の動機づけに関する理論などがある。

1　学習理論

　心理学の一領域である学習心理学は、17世紀から19世紀のイギリス経験主義や連合主義（注5）に端を発し、アメリカで開花した長い歴史をもつ。学習心理学では、ラットやハトなどの動物を用いた実験で得られた結果などから、ある行動の習得に関する機序（仕組み）を明らかにすることを主な目的としている。

（1）学習の種類
　人間を含む動物が何らかの行動を習得するための学習の種類には、レスポンデント条件づけ、オペラント条件づけ、試行錯誤学習、洞察、さらには観察学習などがある。

（注5）経験主義とは、ジョン・ロックの白紙論（タブラ・ラサ）、すなわち、人間は生まれたときには全く白紙で、経験を通して色づけされていくとする考え方に代表される。連合主義とは、感覚（感じること）と観念（物事について抱く意識や考え）との結び付きから心を理解しようとするものである。

表5-1　強化スケジュールの代表例

スケジュール		内　容	例
連続強化		反応・行動に対して常に強化する。	自動販売機
部分強化	固定時間間隔強化	反応・行動数にかかわらず、一定時間で強化する。	基本給
	変動時間間隔強化	反応・行動数にかかわらず、不定時間毎に強化する。	魚釣り
	固定比率強化	一定の反応数毎に、規則的に強化する。	出来高払いの仕事
	変動比率強化	不定の反応数毎に、強化する。	ギャンブル

【レスポンデント条件づけ】

　生理学者パブロフ（Pavlov）により提唱された学習の一つであり（Pavlov, 1927）、古典的条件づけやパブロフ型の条件づけとも呼ばれている。レスポンデント条件づけとは、例えば、餌（無条件刺激）を見て、唾液が生じるという無条件反応（または反射）に随伴して、ベルを鳴らすなどの中性刺激を与えていると、中性刺激に対しても唾液が発生するなどの学習をいう。この学習が成立した場合、中性刺激を条件刺激、無条件反応を条件反応と呼ぶ。レスポンデント条件づけは、学習者が主体的に行動するわけではないので、「受動的学習」と位置づけられる。

【オペラント条件づけ】

　スキナー（Skinner）により提唱された学習の一種であり（Skinner, 1938）、道具的条件づけやスキナー型条件づけとも呼ばれる。オペラント条件づけとは、例えば、空腹のラットが餌を求めている際に、偶発的にレバーを押したら餌が与えられるといった経験を繰り返すうちに、レバーを押すという行動が習得されるなどの学習をいう。オペラント条件づけでは、レバーを押すなどの学習者が主体的に実施する行動を伴うため、「能動的学習」として位置づけられる。オペラント条件づけには、次のような過程がある。

　強化：刺激（例えば、餌）を提示したり、除去したりすることで、反応や行動（例えば、レバー押し）の生起頻度が増加すること。
　罰　：刺激を提示したり除去したりすることで、反応や行動の生起頻度が減少すること。
　ここで、刺激を提示する場合を正の強化や正の罰、刺激を除去することを負の強化や負の罰と呼んでいる。また、行動の生起頻度を増加させる刺激を強化子（正の強化子）、行動の生起頻度を減少させる刺激を罰刺激（負の強化子）という。さらに、強化子の与え方は強化スケジュールと呼ばれており、代表的なものとして表5-1がある。

　交通安全に係わるオペラント条件づけの例として、子どもが道路を横断する際に停止する度に褒めることで（強化子）、道路を渡るときには必ず止まるようになること（正の強化）などが挙げられる。

【試行錯誤学習】

　教育心理学の父と称されるソーンダイク（Thorndike）により提唱された学習の一種であり（Thorndike, 1898）、成功と失敗の経験を繰り返すうちに、目標を達成するための行動を身に付けることをいう。ソーンダイクは、問題箱（箱の中の紐を引くと扉が開く構

造）に猫を入れ、箱の外に餌を置いた場合の行動を観察した。その結果、初めは餌を取ることができなかったが、間違った行動を数回繰り返して試行錯誤するうちに、何らかのきっかけで紐を引っ張って扉が開き餌を得ることができるようになり、次第に扉を開けるまでの時間が短くなることを発見した。

交通安全に関する試行錯誤学習の例としては、初めて自動車を運転する人間が、当初はコース内を真直ぐ走ることができなかったが、インストラクターの指示に従って繰り返し練習するうちに、直線走行ができるようになることなどが挙げられる。

【洞察学習】

ケーラー（Köhler）により提唱された学習の一種であり（Köhler, 1925）、経験を重ねるうちに、手段と目的の関係や因果関係などに関する見通しが突然生じる学習のことをいう。

ハーロウ（Harlow）は、試行錯誤学習と洞察学習について、弁別学習課題（注6）をサルに課す状況を観察し、学習の前半は試行錯誤的であるが、後半は洞察による学習が多くなることを報告した（Harlow, 1949）。ハーロウによると、これは、学習の方法（どのように学習すべきか）をサルが理解したことを意味し、学習の構え（学習セット）が形成された証であるという。

【観察学習】

バンデューラ（Bandura）により提唱された学習の一種であり（Bandura, 1976）、間接強化、代理強化、またはモデリング学習とも呼ばれる。観察学習とは、自分自身が実際に体験しなくても、他者の行動を見たり聞いたりすることで行動や技量・能力が習得されることをいう。

例えば、集団登下校時に、友人が飛び出して車と衝突しそうになる場面を目撃することで、自分自身は道路横断時には必ず止まるようになるなどが、観察学習の一例である。

（2）学習の方法

子どもが何らかの行動や技量・能力を習得するための手法として、問題解決学習、発見学習、有意味受容学習、完全習得学習、プログラム学習などが提案されており（稲垣, 2013）、学習指導の中で活用されている。これらの手法は、子どもだけではなく、他の年齢層の学習を考える場合にも参考になる。

【問題解決学習】

教育学者デューイにより提案された学習方法であり、教育者中心ではなく、学習者中心を特徴としている。問題解決学習の過程は図5-1の通りである。

【発見学習】

ブルーナーにより提案された学習方法であり、個人と環境との相互作用に重点を置くことを特徴としている。また、発見学習では、学習者を能動的な存在であると考え、教育者の役割は学習者のサポートであり、あくまでも学習者の自立的な発見を最優先させること

（注6）弁別学習課題とは、幾つかの刺激を識別して対応する反応を習得するための課題である。

第5章　交通教育心理学

問題解決の発見 （暗示）
学習者が日常の中で直面する課題を、教育者が間接的に問題提起する。

問題の整理 （知性化）
学習者が主体となって提示された問題の所在を整理する。

問題の観察 （仮説）
問題が日常生活のどのような場面で生じているかを、第三者的観点から観察し、問題の根本原因を予測する。

対策の発見と精査 （推察）
学習者同士が主体的に問題の具体的解決方法を話し合う。

問題解決の適用 （検証）
考え出した解決方法を実際に試して体験し、その結果を振り返る。

図5-1　問題解決学習の過程

課題の理解
何を発見するかを学習者自身が把握する段階。

課題の予想
課題に対する仮説を立てる段階。

仮説の推敲
直感的に立てられた仮説を論理的に検討し、どのように仮説が検証されるかを考える段階。

検証と確認
立てられた仮説について、事実や他の資料と整合しているかを検証し、場合によっては実験を行う段階。仮説が妥当でなければ、再度、仮説を検証するなどの手段を講じる。

結論と考察
前段階までの結果を整理して結論を導き、今後の課題をまとめる。

図5-2　発見学習の過程

を主眼としている。発見学習の過程は図5-2の通りである。

【有意味受容学習】

オーズベルにより提案された学習方法であり、「受容−発見」と「有意味−機械的」の二次元に基づき学習を分類することを特徴としている。「受容−発見」とは、学習すべき内容を学習者がどの程度受容したかの次元であり、「有意味−機械的」の次元は、新しく提示された学習すべき内容が、学習者の既存の知識とどの程度関連づけられ有意味となっているかの次元である。オーズベルは、新しく提示された学習内容が有意味となるために、学習に先立ち先行オーガナイザー（先行オルグ：学習すべき内容の核となる情報）を予め提示しておくことが有用であると指摘している。

【完全習得学習】

ブルームにより提案された学習方法であり、十分な時間と支援があれば、どの子どもも教育内容を十分に習得できるとする考えに基づいており、学習の目標と評価に重点を置いている。学習の評価については、診断的評価（教育者により行われる学習前の評価）、形成的評価（学習過程の中で実施される評価）、さらには、総括的評価（学習が終了した段階で実施される評価）があり、これに基づき、教育者は現時点での学習状況と自身の指導方法、および、次の学習方法の計画を把握できやすくなると、ブルームは述べている。また、形成的評価を実施する際の目標として、認知的領域、感情的領域、さらには、心理・運動的領域に分類し、具体的な行動目標を立てることで評価が容易になると指摘している。

【プログラム学習】

オペラント条件づけを提唱したスキナーにより提案された学習方法であり、学習者ペースの個別学習と科学的指導方法を目指すものである。プログラム学習の基本として、下記の原理が示されている。

① スモールステップの原理：最終目標を幾つかの要素に分けて、簡単な要素から難しい要素へ一つずつステップを進める。
② 積極的反応の原理：学習者が主体的かつ積極的に課題に取り組むようにする。
③ フィードバックの原理：課題に対する回答に対して、学習者に即座にその結果を示す。
④ 学習者ペースの原理：学習者一人一人のペースに従って、学習を進める。
⑤ フェーディングの原理：教育者の関与を徐々に少なくし、学習者の自主性に任せるようにする。
⑥ 学習者検証の原理：学習方法やプロセスなどを教育者が評価するのではなく、学習者が判断する。

子どもに道路の横断方法を教える際には、停止すること、周囲を確認すること、手を挙げること、横断歩道を使用することなどの様々な行動の要素を一度に教育する例がみられるが、プログラム学習のスモールステップの原理を参考にすると、習得が容易な行動要素から難しい行動を段階的に訓練することが重要とわかる。

問題解決学習、発見学習、有意味受容学習、完全習得学習、さらには、プログラム学習にはそれぞれ長所と短所があるため（稲垣応顕, 2013）、学習者の特性や教育現場の状況などに配慮して手法を選定することが重要となる。

(3) 学習の過程

　何らかの行動や技量・能力を習得する過程では、練習をすればその分だけパフォーマンス（成績）が上がる時期もあれば、いくら練習をしてもパフォーマンスの向上が見られない、いわゆるスランプの時期もある。学習した時間や回数などに対して、パフォーマンスがどのように変化したかを図示したものを学習曲線という。ある行動を取得する過程には、次のような状態が観察される場合がある。

【高原現象（プラトー）】
　練習量に対してパフォーマンスが順調に向上した中で生じる学習の停滞状態のことをいう。高原現象が生じる原因として、学習しようとしている課題に難易度の異なる内容が含まれている場合、興味や動機づけの減退、疲労、心的飽和（注7）などがある。

【消去と自発的回復】
　ある行動が一度取得された後に、その行動の発現を消失させることであり、消去までにかかる時間や反応数のことを消去抵抗という。また、消去した行動が休憩を取ることなどにより、再び生起することを自発的回復という。

　他の分野の教育と同様に、交通安全の領域においても、効果的で効率的な教育を実現しようとすると、学習理論の一般的な考え方に基づいて、カリキュラムの計画、実施、効果の把握、再計画と再実施を繰り返すことが必要となる。例えば、運転作業の負担を軽減するために左右確認を省略するといった行動が一度身に付くと、この行動を消去することが困難なため、不安全行動が学習されないように教育を計画することが必要となる。

2　動機づけ理論

　教育および学習の効果や効率を向上させるためには、実施する教育のやり方だけではなく、学習者自身のいわゆる"やる気"が大きな問題となる。"やる気"に係わる心理学の概念には、動因、動機、態度などがあり、これらの概念は定性的に次のように定義される。
　　動因：行動を生じさせる内的エネルギーであり、先天的で一時的なもの（例えば、喉の渇きなど）
　　動機：動因を基本として、経験を通して学習されるものであり、一時的なもの（例えば、テストに合格しようとする個人の希望など）
　　態度：一つ一つの動機を基礎として形成される行動への持続的な傾向性（例えば、安全に対する態度など）
　ここで、ある動機の状態になることやその動機をもたらすことを動機づけと呼んでいる。教育や学習について考えた場合、生得的な動因を変容させることは困難であり、経験により形成される人間の動機づけや態度が対象となることが多い。

（注7）心的飽和とは、実施している課題に飽きが生じること。疲労との違いは、疲労は休憩をとると再度パフォーマンスが回復するが、心的飽和では再び興味がわかないと、パフォーマンスの復帰が見られない。

また、幼少期からの継続的な教育、さらには、集団の構成員や見聞きする情報などの様々な社会的要因により形成される態度に比べ、動機づけは一時的なものであるため、教育による変容を期待しやすい。

(1) 動機づけの種類

　動機づけの"内容"に関する種類として、一般的にも知られているように、外発的動機づけと内発的動機づけがある。

　外発的動機づけ：賞や罰などの外から与えられた目標により生じる動機づけ。例えば、無事故を続けることにより、会社から賞が得られる場合などに発生する動機づけ。

　内発的動機づけ：外的な要因によらず、その人自身の好奇心や義務感などから生じる自発的な動機づけ。例えば、5年間無事故を続けたことで、今後10年間も事故なく運転しようとするなどの動機づけ。

　フロー理論（注8）を提唱したチクセントミハイ（Csikszentmihalyi）は、何らかの目標を達成するためには内発的動機づけが重要と主張している（Csikszentmihalyi, 1990）。一方、外発的動機づけは、学習者が外的要因を取得することを目標として、様々手段を考えることから幅広い観点で考えることができ、近視眼的になり難いといった長所があると述べている。

　また、動機づけの"過程"に関する種類を、ガードナー（Gardner）は道具的動機づけと統合的動機づけに大別している（Gardner, 1985）。

道具的動機づけ：ある目標を達成するための手段として何かを学習しようとする動機づけ（例えば、報酬の高い仕事（目標）を得るため、運転免許を取得する（手段）、など）

統合的動機づけ：より高次の目標を成し遂げることで自らが成長しようとする動機づけ（例えば、日本各地の文化を知るため（目標）、できれば自動車の運転免許を取得して日本を旅したい、など）

　さらに、卓越した目標に立ち向かうための動機として達成動機がある。

達成動機：ある文化において優れた目標とされる事柄に対して、卓越した水準でその目標を成し遂げようとする意欲であり、達成動機か否かの基準として、①卓越した目標を設定して挑んでいるか、②独自のやり方で目標を達成しようとしているか、③目標達成まで長期間を要するかなどがある。

(2) 動機づけの機序

　動機づけの大小が生じる過程について、アトキンソン（Atkinson）は、課題を達成しようとする成功達成の傾向（T_S）と失敗を避けたいとする失敗回避の傾向（T_{AF}）により

（注8）フロー理論とは、没入できる楽しい感覚（フロー）を経験することを通して、より高度な能力や技能を習得する過程をモデル化した人間の成長や発達に関する理論。

達成動機（T_A）が決定されると仮定し、次のような式を提案した（Atkinson, 1957）。

$$T_A = T_S - T_{AF}$$

このモデルの中で、成功達成の傾向と失敗回避の傾向はそれぞれ動機、期待値（主観的確率）、および誘因（注9）が関与すると考えられ、次式のように表現することができる。

$$T_A = (M_S \times P_S \times I_S) - (M_{AF} \times P_{AF} \times I_{AF})$$

M_S：成功達成の動機、　　　P_S：成功達成の主観的確率、
I_S：成功達成による誘因　　　M_{AF}：失敗回避の動機、
P_{AF}：失敗回避の主観的確率、I_{AF}：失敗回避による誘因

この式から、成功しようとする意欲（動機）、成功の見込み（主観的確率）、成功したことによる報酬（誘因）が大きいと人間が期待すると、達成動機が大きくなることがわかる。一方で、失敗を回避しようとする動機、失敗の見込み、さらには、失敗することによる誘因が高いと、達成動機は低くなると考えられる。

さらに、アトキンソンは、失敗回避の傾向の強い人間は極端に困難もしくは容易な課題を選択し、成功達成の傾向の強い人間は中程度の難易度の課題を選ぶと報告している。

（3）自己効力感

アトキンソンのモデルを参考にすると、目標の成功や失敗に関する個人の見込み（期待）が、動機づけに大きく影響すると考えることができる。成功や失敗に関する期待には、目標を達成するための技量や能力を自分自身が持っているか否かについての個人の認識が関係する。例えば、自分に目標を達成する能力があると認識すると、成功達成の主観的確率が高まり、その目標に挑もうとする動機づけが向上すると予想される。バンデューラ（Bandura）は、このような目標を達成するための能力が自分に備わっているか否かについての個人の認識を自己効力感と呼んだ（Bandura, 1982）。自己効力感は、目標を達成するために注ぐ努力の大きさや、どの程度努力を継続するかを決定する重要な概念と言うことができる。

また、バンデューラらによると、比較的達成可能な近い目標を設定すると、自己効力感が高まり、学習の達成度も高くなることを報告している。この点から、学習者の能力に応じた目標の設定が、自己効力感と学習の達成度に大きく影響すると考えられる。例えば、道路横断する際には必ず周囲を確認するといった目標を1週間続けるという目標を児童に求めるよりも、今日1日必ず道路を横断する際には周囲を確認するといった目標を設定した方が、確認行動を習得する際の児童の自己効力感が高まると考えられる。

（4）原因帰属理論

目標を達成しようとする動機づけは、成功や失敗が何により決まるのかについての個人

（注9）動因が「行動しようとする人間の内的な意欲」であるのに対して、誘因は「行動を喚起して引き付ける外的なもの」を表す。例えば、喉が渇いているときの水は誘因であり、喉の渇きが動因となる。

表5-2　ワイナーの原因帰属

原因帰属		安定性	
		安定	不安定
統制の方向性	内的	能力	努力
	外的	課題の難易度	運

の認識が影響する。例えば、成功や失敗の原因が運（たまたま生じた結果）によるものであると学習者が認識すれば、目標を達成しようとする動機づけは低くなる。ワイナー（Weiner）は、人間が成功や失敗の原因を何に帰属させるかが動機づけに影響すると考え、原因帰属理論を展開した（Weiner, 1979）。

　表5-2のように、ワイナーは、統制の方向性（内的：個人の問題、外的：環境の問題）と安定性（安定：原因が時間的に安定した特性を持っている、不安定：原因が時間的に不安定な特性を持っている）の2次元から、目標達成の成功や失敗の帰属の方向を、能力、努力、課題の難易度、運の4種類に分類している。交通事故との関係で原因帰属を考えると、事故を起こした際に「事故は偶然起こった」と運に原因を帰属すると、自らの行動を修正する動機づけが働かず、繰り返し事故を起こす可能性がある。一方、能力の改善や努力次第で事故の確率を低減できると認識すると、安全に関する動機づけが高まると考えられる。

　ワイナーによると、学習達成度の低い人間は失敗の原因を自分の能力に帰属する傾向が強いと報告しており、自尊感情が目標の達成度に影響すると考えられる。

　効果的かつ効率的な交通安全教育の実施のためには、これまでに示した人間の動機づけ理論に配慮することが大前提となるが、交通安全を対象とするが故に発生する動機づけに関する問題が存在することを教育者が理解しておかなければならない。

4 交通安全教育について

1　交通安全教育の現状

　日本では交通事故が社会問題となってから、表5-3に示したような様々な場で交通安全教育が実施され、事故の低減に大きな役割を果たしてきた。今後、更なる交通事故の低減を目指すためには、交通事故の発生状況を踏まえ（松浦, 2014）、多くの人間が交通安全に関心を抱き、このような学習の場に参加することが望まれる。

　しかしながら、現在の交通社会の状況を見ると、交通参加者が必ずしも安全や安全教育に対して動機づけられていないのが現状である。このような状況の中で、多くの交通参加者が安全教育の場に参加しない、または、「馬を水場に連れて行っても水を飲ませること

表5-3 日本の主な交通安全教育の場

子どもおよび免許取得可能年齢前の若者	警察、保育士・教師、交通安全関連諸団体などによる保育園、幼稚園、小・中・高・大学生を対象にした園内・学内での教育
	保育園、小・中・高・大学生を対象にした自動車教習所内での教育
自動車免許取得希望者	自動車教習所などでの教育
自動車免許保持者	一般企業内の教育
	貨物自動車運送事業所内の教育
	安全運転管理者・運行管理者などを対象とした教育
	警察や交通安全関連諸団体などによる一般ドライバー対象の教育
	免許更新時の教育
	交通安全違反者・処分者の教育
	事故多発者などへの交通カウンセリング
一般歩行者・自転車利用者	警察や交通安全関連諸団体などによる歩行者・自転車利用者対象の教育

ができない」という諺の如く、交通安全教育に参加したとしても、学習しようとする意欲がわかないといった事態となっている。

2　交通参加者の動機づけ

(1) 動機づけが高まらない理由

上記のように、多くの交通参加者が安全や安全教育に対して動機づけられない現状にあるが、この理由について考察すると、次のような状況が背景にあると考えられる。

1）交通参加者の内発的動機づけの問題

安全な行動を持続するためには内発的動機づけが重要となるが、交通事故は希な事象であり、自分と無関係と認識されているため、安全に関する交通参加者の内発的動機づけを喚起することが難しい。

2）外発的動機づけの問題

交通安全を確保することにより得られる具体的な誘因を見出すことが難しく、適切な行動を促進するための外発的動機づけを喚起することが困難である。

3）行動に対する強化と罰の問題

交通事故に繋がる可能性のある危険な行動を行っても、事故に至らないといった体験を日常の中で経験するため、適切な行動をしようとする動機づけが働き難い。

4）その他の動因や動機の影響の問題

目的地に早く着くことや高速走行によるスリルを追求するなどの安全以外の動因や動機を交通参加者が重視するため、安全に対する動機づけが後回しになっている。

5）交通事故の原因帰属に関する問題

　単一の交通事故に複数の要因（原因）が関係しているため、交通参加者が事故の原因を自らの運転行動に帰属できずに、安全への動機づけが形成され難い。

(2) "安全"への動機づけ向上のために

　交通事故の低減にとって鍵となる交通参加者の安全に対する動機づけを高めることは非常に困難な作業であり、特効薬となる対策がないのが現状である。したがって、教育や学習を実施する担当者の日々の創意工夫が求められる。

　学習者の交通安全に対する動機づけを高める手法として、他者が衝突する映像や実際に事故の場面を再現する方法が用いられる場合がある。これらの恐怖喚起アピールの効果については、学習者に与える恐怖の大きさ、自分自身が恐怖の対象（この場合には衝突）を回避できるかどうかの自己効力感、学習者の属性や特性、さらには、学習者が恐怖の対象を自分自身のこととして受け止めるか否かなど様々な要因が関係している（Williams, 2012）。したがって、衝突などの映像や再現が学習者自身にも起こり得ることを的確に伝達できなければ、恐怖アピールの効果が発揮されないことを教育者が理解する必要がある。

　事故が自分にも発生し得ることを学習者が理解するために、教育者自らの経験談や思い込みで話をするのではなく、教育者が次の点を理解して学習者に情報伝達することが、交通参加者の安全への動機づけを向上させるための鍵となる。

1）交通事故の発生過程

　教育担当者が事故発生の過程を客観的なデータや理論に基づいて理解し、それを学習者に伝達することが重要となる。例えば、交通事故は希な事象であるが、自らが不安全な行動を行えば事故のリスク（注10）が増加するといった確率論を学習者が理解できるように努めることが重要となる。この点について、事故は様々な要因が関連して発生しているため（向井・神作, 1986）、交通参加者が適切に行動することで事故要因の一つを解消することができることを具体的に説明し、事故防止が自分自身の行動の問題であることを学習者が熟知できるようにすべきである。この際には、事故発生の原因帰属の方向を間違えると、事故を繰り返す可能性があること（山下, 1988）を学習者が理解できるようにする必要がある（例えば、事故は運が悪かったと交通参加者が原因を帰属すると行動の改善を怠る、など）。

2）交通行動の多様性

　安全を確保するために必要となる交通行動や技量・能力は、危険を適切に予測し知覚する能力や、危険を回避するための反応など様々であり、教育者がこれらの行動や技量・能力の特徴（例えば、初心者ドライバーは、危険予測が未熟など）を十分に理解することが重要となる。その上で、一見簡単に見える安全確保のための行動でも、多くの技量や能力を必要とすることや、疲労や覚醒水準などにより、これらの技量や能力を最大限に発揮で

（注10）リスクとは、ある危険事象や損失が生じる可能性や不確実性を意味し、例えば、100万台走行時間当たりの事故率などというように、統計学的・確率論的な観点から表現される場合が多い。

きないことを、客観的なデータなどを用いて科学的観点から学習者に伝達すべきである。

(3) "教育や学習"に対する動機づけ向上のために

学習者が安全を志向しようとする動機づけとともに、教育や学習を熱心に受けようとする動機づけも、実施する交通安全教育や学習の効果を決定する重要な要因となる。

学習者の教育に対する動機づけを高めるために、先述した教育心理学の理論に基づき、以下の点に配慮する必要がある。

1) 教育者と学習者の適切なラポートの形成（心理的環境作り）

教育者と学習者との間の適切なラポート（注11）の形成が、学習者の動機づけを高めるための鍵となる。このため、教育者はコーチングやカウンセリングなどの知識と技量を習得して、教育を実施する初期の段階で、学習者との適切なラポートが形成されるようにしなければならない。また、教育や学習の実施中に、問いかけ（質問）をしてラポートを維持し、学習者が主体的に交通安全について考えられるようにすることが重要である。

2) 学習を阻害する要因の排除（物理的環境作り）

学習者が集中して教育や学習を遂行できるように、教育や学習の場の温度・湿度、室内の場合には照明の明るさ、教育者と学習者の位置関係などの物理的環境を整えることを忘れないようにする。また、学習者の疲労や心的飽和を考えて、教育や学習の時間を設定し、長時間の教育や学習となる場合には、適宜休憩を入れるようにする。さらに、視聴覚教材などを用いて学習者の飽きが生じないように配慮する。

3) 外発的動機づけの促進

学習者の属性や特性に応じて（例えば、年齢や性格など）、目標が達成された場合には、適切な強化スケジュールに基づいて正の強化子や罰（負の強化子）を与える。例えば、学習者の属性や特性によっては、言語的な強化子（褒める）が誘因になる場合がある。また、正の強化子を除去することや罰を与える際には、学習者の自尊感情に十分に配慮する。

さらに、交通安全教育や学習に参加することに対する報酬（例えば、安全グッズや商品券の配布、事故低減による企業損失の減少の提示、など）を用意して教育や学習の場への参加を促し、教育を受講する中で学習者が安全に動機づけられるようにするなどの工夫が求められる。

4) 学習者の自己効力感への配慮

交通行動には様々な要素（例えば、危険を感じる能力や、適切に反応する技量など）が含まれているため、これらの行動や技量・能力を事前に整理して、学習者の現時点の達成度に応じて、少し努力すれば習得できる具体的な目標を設定することが自己効力感の向上のために有効である。

また、先述のプログラム学習のように、習得しようとしている行動や技量・能力を幾つかの要素に分けて、簡単な内容から困難な内容を順次教育・学習できるようにすることが

(注11) ラポート（ラポール）とは、カウンセリングに関する用語であり、クライエントとカウンセラーの適切な心理的繋がりをいう。

有効と見られ（大谷・橋本・岡田・小林・岡野, 2014）、当面の目標を学習者が理解して、自己効力感を高めることが、教育や学習への動機づけを高めるうえで重要である。

5）客観的評価とフィードバック

　教育者が客観的な観点から学習者の行動や技量・能力の習熟度を評価し、適切なフィードバックを与えることが、学習者の教育や学習に対する動機づけを向上させるために重要である。

　評価に際しては、客観的で具体的なデータに基づいて判断することが重要であり、学習者自身ではなく学習者の行動や能力・技量に焦点を当てることが重要である。また、教育や学習の内容、学習者の属性や特性などに配慮して、フィードバックの方法を決定すると良い。例えば、行動などに関するフィードバックを行う際には具体的に身体で示し、学習者の思考力などの向上を狙いとしている場合には、敢えて抽象的な表現でフィードバックを行い、学習者が主体的に考えられるようにするなどの工夫が求められる。

　効果的かつ効率的な安全教育を実践するためには、上記の項目を念頭において学習者の動機づけを高めることが重要となるが、教育や学習のプログラムを計画する際に、5W1H（誰が、誰に、何を、いつ、どこで、どのように教育するか）を十分に配慮することが必要となる（小川, 2000；大谷・橋本・岡野・小林, 2009）。

　例えば、教育方法について、具体的な行動や能力・技量を習得するためには、実交通環境下での教育や学習が重要となるが、安全性の確保の観点から実際の道路上での訓練が不可能な場合には、自動車教習所、学校の校庭や体育館、または、シミュレータなどの仮想現実などを用いた教育や学習が有用と考えられる。しかしながら、仮想現実空間などは、架空の衝突を学習者が体験しても実際の損傷がないことで、交通参加者のリスクの感じ方が実際とは異なるため、その効果は教育者の技量や実施内容・方法に大きく依存することを意識しなければならない。すなわち、仮想現実空間を作り出す操置は道具であり、道具があってもそれを使用する教育者が学習者の心理を理解しなければ、教育効果が上がらないことを認識することが重要である。

　また、交通行動や技量・能力の取得には、継続的な教育や学習が必要となるが、これが不可能な場合（例えば、学校での道路横断方法の訓練では教育時間が制限されている、など）には、日常的な訓練を可能にする人員（例えば、地域住民や保護者）のサポート（大谷, 2014）が得られるようにすることも考えるべきである。

　さらに、安全への動機づけと教育への動機づけの違いを考えて、教育や学習の方法を選定することが必要となる。例えば、教育への動機づけを高めるために学習者が楽しむことのできる、または、学習者にとって衝撃的なプログラムを実施する例が見られるが、イベントへの参加に対する興味や動機づけは高まっても、本来の目標である安全への動機づけが促進されないことになる。したがって、教育者が交通安全教育の本来の目的を考えて、内容や方法を決定しなければならない。

3 交通安全教育手法について

　交通安全教育を効果的かつ効率的に実施するには、先述の通り5W1Hに十分配慮することが重要となる。交通安全教育を"どのように"実施するのかについて見ると、交通参加者が安全について学ぶための代表的な手法として、講話、実技・体験学習、小集団討論、役割演技法、さらにはミラーリング法（観察学習）などがある。これらの手法には様々な長所や留意点があり、教育者が各手法の特徴を理解しておかなければ、効果的で効率的な交通安全教育は望めない。

（1）　講話
　講習会場などにおいて、専門的な知識を有した講師（教育者）が、多くの聴衆（学習者）に対して行う教育的介入である。
【習得できる主な行動や技量・能力】
　交通法規や安全に関する知識、など。
【長所】
・一度に多くの学習者を対象にできる
・専門的な知識を有した講師がいれば、比較的少ない労力で実施できる
・実路などの大型施設を必要としない、など。
【留意点】
・交通法規や安全に関する知識の習得が中心であり、具体的な行動や能力・技量の習得には向いていない
・安全や教育に対する聴衆の動機づけを高めて教育の効果を発揮するか否かは、講師の力量に大きく依存する、など。

（2）　実技・体験学習
　自動車教習所（木島，1985）や学校の校庭や体育館[20]などにおいて、学習者が自らの体験を通して、道路の歩き方、自転車の乗り方、自動車の運転方法などを習得する手法である。
【習得できる主な行動や技量・能力】
　交通法規や安全に関する知識、歩き方や車の乗り方などの動作的側面、危険感受能力、など。
【長所】
・交通事故を回避するための具体的な技量を習得することができる
・体験を中心とすることで、学習者が集中して課題に取り組むことができる、など。
【留意点】
・行動や技量・能力の習得に時間を要する
・教育心理学に関する知識を有した教育者の存在が必要となる
・実技・体験を行うための場所が必要となる、など。

(3) 小集団討論
　学習者が少数のグループを構成して、交通安全に関する内容を議論する手法である。小集団討論の効果として、(a) 発言することで思考力の育成、(b) 討論することで価値観の育成、(c) 安全目標を設定することで行動規範の確立、(e) 参加することで安全意識の醸成が期待できることが指摘されている（長町，1995）。
【習得できる主な行動や技量・能力】
　交通法規や安全に関する知識、危険感受能力（小川，2007）、感情のコントロール方法（小川，2009）、など。
【長所】
・交通事故を回避するための具体的な技量を習得することができる
・体験を中心とすることで、学習者が集中して課題に取り組むことができる
・学習者が主体的または自主的に学ぶことができ、教育や学習に対する内発的動機づけを高めることができる
・学習者が自らの行動や技量・能力を客観視できる
・小集団で討論することで、他者視点取得などの社会的スキルを育成できる
・実路などの大型施設を必要としない
・小集団討論の中で決定した内容が学習者自身の規範となり、行動に繋がりやすい、など。
【留意点】
・教育心理学に関する知識を有した教育者の存在が必要となる
・小集団討論が困難な年齢集団（例えば、幼児など）がある
・小集団の構成員や人数に配慮する必要がある、など。

(4) 役割演技法（ロールプレイング）
　例えば、学習者自身が教師役となり、交通安全に関する内容を他者に教える手法である（大谷・橋本・岡田・小林・岡野，2012）。
【習得できる主な行動や技量・能力】
　交通法規や安全に関する知識、歩き方や車の乗り方などの動作的側面、危険感受能力、他者への接し方、など。
【長所】
・交通事故を回避するための具体的な技量を習得することができる
・体験を中心とすることで、学習者が集中して課題に取り組むことができる
・学習者が主体的または自主的に学ぶことができ、教育や学習に対する内発的動機づけを高めることができる
・学習者が自らの行動や技量・能力を客観視できる
・教師役を演じることで、他者視点取得などの社会的スキルを育成できる
・教師役を担うことにより責任感が見られるようになり、適切な行動変容へと繋がりやすくなる[28]、など。
【留意点】
・教育心理学に関する知識を有した教育者の存在が必要となる

・役割を演じることが困難な年齢集団（例えば、幼児など）がある
・教師役を演じるために、学習者の事前教育や学習およびマニュアルが必要となる
・教師役を演じることが困難な学習者がおり、教育者によるサポートが必要となる
・教師役を担う学習者と学習者から教育を受ける人との人間関係に注意を要する、など。

（5）ミラーリング法

　先述のバンデューラの観察学習の考えに基づく手法である。ミラーリング法とは、自他の行動などを観察して、学習者が自らの行動を客観視することを主眼とした手法である。

【習得できる主な行動や技量・能力】
　交通法規や安全に関する知識、歩き方や車の乗り方などの動作的側面、危険感受能力、など。

【長所】
・交通事故を回避するための具体的な技量を習得することができる
・体験を中心とすることで、学習者が集中して課題に取り組むことができる
・学習者が主体的または自主的に学ぶことができ、教育や学習に対する内発的動機づけを高めることができる
・学習者が自らの行動や技量・能力を客観視できる
・教育や学習の内容によっては、実路などの大型施設を必要としない、など。

【留意点】
・教育心理学に関する知識を有した教育者の存在が必要となる
・学習者の属性や特性に応じて、自他の行動などを見せるための媒体を決定することが重要となる、など。

　ミラーリング法（太田，1999）の詳細については第8章を参照されたい。これらの教育方法は単発で実施されることもあれば、幾つかの手法を組み合わせて行われる場合もあるが、必ず教育目標を明確にし、学習者の人数と構成員に配慮して、場合によっては時間制限を設けて、学習者が主体的に取り組めるようにすることが効果的かつ効率的な教育の実現に繋がる。

おわりに

　本章では、教育心理学の一般的な理論として、学習や動機づけに関する内容を概説し、安全教育を実施するうえで配慮すべき点を交通心理学的観点から示した。
　交通安全教育の中で用いられている手法や機器が効果を発揮するか否かは、教育者の手腕にかかっており、この点から、教育者の心構え（西山，2007；大谷・橋本・小林・岡田・岡野，2010）が重要となる。また、交通安全教育の効果を検証する作業（大谷・橋本・岡野・小林，2009；大谷，2016；蓮花・国府田，2003）は体系的な安全教育の実現のために必須であり、実施した交通安全教育の効果を多角的な観点から把握することが重要となる（大谷，2012）。

さらに、近視眼的な教育ではなく、社会の動向を注視して、かつ、経済性や時間性などの観点（神作，2005）から実践的に交通安全教育や学習を実施する必要がある。最後に、教育の最終目標は、安全に対する学習者の適切な態度と行動を形成することであり、安全への動機づけが高まり、それが維持されるように方向づけることが重要であることを忘れてはならない。

文　献

Atkinson, J. W.（1957）. Motivational determinants of risk-taking behavior, Psychological Review, 64, p359-372.
Bandura, A.（1976）. Social learning theory, Prentice Hall.
Bandura, A.（1982）. Self-efficacy mechanism in human agency,American Psychologist, 37, p122-147.
Csikszentmihalyi, M.（1990）. Flow : The psychology of optimal experience, Happer & Row.
Gardner, R. C.（1985）. Social psychology and second language learning : The role of attitude and motivation, Edward Arnold.
ジェラルド・J・S・ワイルド（2007）. 交通事故はなぜなくならないか：リスク行動の心理学, 芳賀繁（訳），新曜社.
Harlow, H. F.（1949）. The formation of learning sets. Psychological Review, 56（1），p51-65.
稲垣応顕（2013）. 学習指導. 松原達哉（編），教育心理学，丸善出版，p61-85.
神作博（2005）. 応用心理学, 放送大学教材（財）放送大学教育振興会.
警察庁（2005）. 平成17年版警察白書，警察庁（編），ぎょうせい.
木島公昭（1985）. 小学生のための交通安全教室, 交通心理学研究, 1, p37-46.
Köhler, W.（1925）. The mentality of apes, Translated from the second revised edition by Ella Winter, London : Kegan Paul, Trench, Trubner. U.S. edition 19 25 by Harcourt, Brace & World.
松浦常夫（2014）. 統計データが語る交通事故防止のヒント，東京法令出版.
向井希宏・神作博（1986）. "ある"道路交通事故事例についての分析・検討の試み：行動的・心理的・生理的視点から. 中京大学文学部紀要第21巻第2号の3中京大学文学部，p139-158.
長町三生（1995）. 安全管理の人間工学，海文堂.
西山啓（2007）. 自動車教習のための教育心理学講座，啓正社.
小川和久（2000）. 学校教育の中での交通教育の実践と将来への展望. 交通科学，30（1），p28-32.
小川和久（2007）. 児童を対象とした交通安全教育プログラム「危険箇所マップづくり」, IATSS Review, 32, p31-40.
小川和久（2009）. 安全教育とライフスキル－情動への対処の学習が生徒のストレス感と自己効力感に及ぼす効果－. 安全教育学研究, 9, p15-29.
太田博雄（1999）. フィンランド交通安全教育の動向－自己評価能力訓練の方法と可能性－，交通心理学研究, 15（1）. p23-27.
大谷亮（2012）. 子どもを対象にした交通安全教育の実践と理論－安全教育の体系化と普及促進を目指して－. 交通心理学研究, 28（1）. p49-55.
大谷亮（2014）. 今ここに生きる子どもを対象にした交通心理学－期待される交通教育と今後の研究課題－. 日本交通心理学会第80回大会シンポジウム「交通心理学の今後の発展と事故防止の取り組み」. 日本交通心理学会第74回大会発表論文集，p16-19.
大谷亮（2016）. 効果的な交通安全教育のために. 大谷亮他（編），子どものための交通安全教育入門－心理学からのアプローチ－，ナカニシヤ出版，p3-12.
大谷亮・橋本博・岡野玲子・小林隆（2009）. 小学校における交通安全教育の考え方と実践に関する一考察－より良き交通社会人を育成するための取り組み－, 日本交通心理学会第74回大会発表論文集，p13-16.
大谷亮・橋本博・小林隆・岡田和未・岡野玲子（2010）. 児童を対象にした交通安全教育の考え方と今後

の課題－（財）日本自動車研究所の実践例を通して－，交通安全教育，No. 534，p6-14.
大谷亮・橋本博・岡田和未・小林隆・岡野玲子（2012）．児童の交通安全のための実践的・継続的教育手法とその効果－横断行動の認識を促進させるアプローチ－，交通心理学研究，28，p8-21.
大谷亮・橋本博・岡田和未・小林隆・岡野玲子(2014)．低学年児童を対象にした道路横断訓練の有効性．交通心理学研究，30（1）．p26-40.
Pavlov, I. P. (1927). Conditioned reflexes. Oxford University Press.
蓮花一己・国府田美幸（2003）．小学校への教室内交通教育プログラム『あやとりぃ』の効果測定研究．応用心理学研究，28，p100-111.
三省堂編修所編（2003）．広辞林第六版 三省堂.
Skinner, B. F. (1938). The behavior of organisms : Experimental analysis, App lenton-Century-Crofts.
Thorndike, E. L. (1898). Animal intelligence : An experimental study of the associative processesin animals, Psychological Monographs, 2（8）.
Weiner, B. (1979). Theory of motivation for some classroom experiences, Journal of Educational Psychology, 71, p3-25.
Williams, K, C. (2012). Fear appeal theory, Research in Business and Economics Journal, p1-21.
山下昇（1988）．安全態度調査の構成と活用，三隅二不二・丸山康則・正田亘（編）．応用心理学講座2 事故予防の行動科学，福村出版，p192-205.

第6章 交通発達心理学

1　交通発達心理学とは

　私達は交通社会にドライバーとしてのみではなく、誕生してから高齢期まで、生涯を通してさまざまな形で関わっている。乳児期には、チャイルドシートで車に同乗し、また、母親など養育者の運転する自転車に同乗することもある。最近では、乳幼児を自転車に同乗させるときは、転倒時に頭部を保護するためにヘルメットを着用することが義務付けられた。

　幼児や児童になると自転車を自ら運転し、交通社会に参画する。そこでは、運転技能や安全判断能力の発達が子どもの自転車事故防止に重要となる。近年、自転車は交通事故の被害者としてだけではなく、歩行者に対する加害者としても焦点を当てられ、自転車保険の加入が義務付けられようとしている。免許不要な自転車運転においては、どのような交通安全教育をどの年齢で実施するかも課題となる。

　青年期以降になると、運転免許を取得し、自動二輪車や四輪車を運転することができるようになり、ドライバーとして交通社会に参画することになる。運転免許を取得するためには、通常、教習所を通して新たな運転技術、車に対する知識、交通法規等を修得しなければならない。交通安全に対する知識は、免許取得後も社会や企業において生涯を通して学んでいかねばならない。ドライバーは10歳代の若者から、高齢者まで年齢幅が広く、身体能力、認知能力、社会性などで大きな差違がみられる。これらの発達的要因を考慮することが交通安全施策の効果を高めていくために必要とされている。

　交通発達心理学とは、交通安全にかかわる発達的な要因を検討していく心理学である。本章では、最近の課題をすべて網羅できないが、これまで発達心理学の研究で明らかにされてきた知見を交通安全とのかかわりで考察する。

2　子どもの認知能力の発達

　幼児の交通事故の原因として、認知能力の低さが挙げられている。子どもの認知は単に量的な発達ではなく、年齢段階で質的に発達することが明らかになっている。子どもの認知発達に関して、ピアジェ（Piaget, J.）が代表的な研究者と言える。ピアジェの認知発達理論は、現在でも発達心理学の講義で欠かすことのできない重要なテーマである。

　ピアジェは表6-1に示したように認知発達を5つの段階に分けている。おおよその年齢段階であるが、0歳から2歳を感覚運動期、2歳から4歳を前概念期、4歳から7歳を直観的思考期、7歳から11歳を具体的思考期、11歳以

表6-1　ピアジェの認知発達理論

0-2歳	感覚運動期
2-4歳	前概念期
4-7歳	直観的思考期
7-11歳	具体的思考期
11―歳	形式的思考期

降を形式的思考期としている。

　感覚運動期は言語が出現する以前の段階であり、知識を吸収し、適応していく基本的な能力が発揮される。これは同化と調節といわれる。誕生後には感覚運動機能は原始反射(注1)が優勢だが、乳児は一見すると同じ行動を繰り返しているように見える循環的な行動により、環境との関わりを確立していく。この同化によって行動についての知識といえるシェマ(注2)が発達すると考える。しかし、特定の場面によるある行動は、状況が変わると行動を修正する必要があることを学ぶ。これを調節といい、同化と調節を繰り返しながらシェマを拡大させる。生後8ヶ月から12ヶ月くらいの時期に複数のシェマが協応して、知識が体系化されるようになると考えられている。新しい知識を吸収し、既存の知識体系に組み込むプロセスは成人でも同じであろう。

　8カ月くらいの時期から物体の永続性(注3)が獲得される。この頃、思考は視覚的な見えによって強く影響を受けているのだが、物理的な存在の普遍性を理解しはじめる。つまり、視認できる物体は存在するが、たとえばその物体に布をかけて視野から消えると、世の中に存在しなくなったと思っていた乳児が、物体が視野から消えても存続し続けることを理解するようになる。基本的な物理世界の理解の開始となる。

　続いて前概念期には、心的な表象(注4)が出現するが、まだ概念が十分に理解できていない段階である。たとえばミカンが食べたいという子どもに、母親がミカンは緑色だからすっぱいので、黄色になったら買ってあげるといったところ、風邪をひいて病院でもらった煎じ薬が黄色なのを見て、黄色だからミカンを買ってと言ったという話である。ミカンの色と煎じ薬の色についての論理が混線しているので、一見論理のようであるが論理を十分に立てられず、道筋が転導することのある思考形式の時期である。

　次の直観的思考期では、思考が可能になるが、直観性に強く支配されている。たとえば、図6-1に示したように二つの同じコップに水を入れ、どちらの水が多いかを尋ねると正しく答えることができる。そこで、見ている前で、ひとつのコップから大きさの違うコップに水を移し、どちらが多いかを尋ねると正答できなくなる。

　このように判断にコップの大きさの見えの影響を受けやすい時期である。さまざまな外

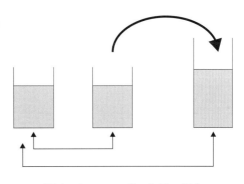

図6-1　コップの水量の保存

(注1) 誕生後には、生得的といわれる原始反射が存在する。これは、食に重要な役割を果たす口に含んだものを吸うという反射や、転倒を予防するためと考えられる手につかんだものをしっかりと握るという把握反射など数多くみられるが、成長にともない自分でコントロールできる随意的な行動に置き換わる。
(注2) 知識のこと
(注3) 物理的な存在は見えの影響にかかわりなく存在し続けるということ
(注4) 概念ではなく、描写的なイメージのこと

界からの影響を受け、本質を見極めることを誤りやすい時期で、直観性の支配を受けているといわれる。直観性の支配を抜け出すには、元に戻せば同じ状態になるという可逆性の考え方を獲得する必要がある。次の段階の具体的思考期になって、この直観的な思考の影響を受けず、普遍的に本質の理解ができるようになると、「保存」が完成したという。

また、ピアジェはこの時期の自己中心的な思考を示す実験として、三つ山実験を行っている。子どもの前に大きさの異なる三つの山の立体模型を置き、子どもをある場所に座らせる。見えている三つ山の風景を尋ねると正確に答えることができる。そして、子どもが座っている場所に人形を置き、子どもが別の位置に移動し、人形がどのような風景を見ているかを尋ねると、幼児は自分の位置からの見え方を誤って答えてしまい、人形が違う位置にいるので自分と異なる見え方をしていることを理解できない。つまり、幼児は他者の視点に立って、空間認知をすることができていない。これも、具体的思考期に入ると人形の視点を正しく理解できるようになることが明らかになっている。

具体的思考期では、具体的な事実に基づく知識を理解できるようになる。児童期の学習を思い起こしてみると、理科では植物や動物の観察、あるいは天体の観察などをしたことを思い出す。日の出を定点観測し、季節とともに日の出の時間が変わっていくことから天体の動きを学習した。しかし、抽象的な知識は理解できていない。したがって、具体的思考期である小学生の教科には、抽象的な思考、たとえば数学のxやy、あるいは天体運動の公式は現れない。つまり、仮にxとおいてというような操作は難しいわけである。形式的思考期に入ると、抽象的な思考が理解できるようになる。この時期からは、成人も思考の質的な変化はないと考えられている。

交通社会の規則や制度、そして他者との協調に関する理解もこれらの認知段階を踏まえて理解が進む。児童期では、とくに成人と同じように見えながら、認知の仕方が未熟であるため、大人と同じように危険に対する判断や行動ができないのである。主観的な判断がなされ、他者の視点がとれず、自己中心的な行動を行う。この点は、向社会性の発達という視点から後述する。

3 青年期以降の自我同一性

1 エリクソンの心理・社会的発達理論

ピアジェの認知発達理論は思春期で大人のレベルに達するというものである。生涯を通した発達の研究者としてはエリクソンを挙げることができる。エリクソンは、画家を目指しながら、挫折し心理家になり、あるいは、デンマーク人であったにもかかわらず、ドイツ人の養子となり、その後、第二次大戦中にユダヤ系であったことからドイツを追われ、デンマークで受け入れられずにアメリカに移り住むような深刻な経験をしている。その経験から、発達において社会とのかかわりが大切であり、それぞれの発達段階で心理社会的な危機が存在することを見い出し理論化している。

その理論では人生を8つの段階に分け、それぞれの段階で直面する心理・社会的危機を挙げている（Erikson, E.H, 1950）。それを解決することを課題としたことから心理・社会的発達理論と呼ばれている。その8つの段階を表6-2に示した。

エリクソンは、とくに青年期の自我同一性（アイデンティティ）確立に関心を持っていた。自分らしい生き方を見つけることは人生を充実して過ごすうえで大切である。ここでは、まず、エリクソンの生涯にわたる理論を紹介する。

乳児期は、養育者とのかかわりが重要で、それがうまくいくと他者に対する信頼感が形成されるという。その形成に失敗すると他者に対する不信感を持つようになる。

幼児前期には、依存から脱却し自律性の獲得が課題となる。自ら行うこと、すなわち自律しないと、まだすべきことを終わっていない自分を他者から見られ、恥を経験する。

表6-2　エリクソンの心理・社会的発達段階

Ⅰ　乳児期	信頼　対　不信
Ⅱ　幼児前期	自律性　対　恥
Ⅲ　遊戯期（幼児後期）	自主性　対　罪悪感
Ⅳ　児童期	勤勉性　対　劣等感
Ⅴ　青年期	同一性確立　対　同一性拡散
Ⅵ　初期成人期	親密さ　対　孤立
Ⅶ　成人期	世代性　対　停滞
Ⅷ　高齢期	統合性　対　絶望

4、5歳の遊技期すなわち幼児後期には、自分で望ましいことにむかって自主性を発揮するようになる。自主性と関係して、この時期に良心が確立する。良心の基準が内在化し誰も見ていない時でさえ、良心に反することをすれば罪の意識を感じるようになる。

小学校の学齢期となると、学校で真面目に学習することが求められる。それができれば勤勉性が修得され、できないと他人より劣る感覚である劣等感を感じる。

青年期はこの理論の中心を占める。自分のあり方、すなわち自己同一性を獲得できるかどうかが社会的危機である。自分について納得いく価値観や生きている感覚を獲得できれば、青年期を適応して過ごすことができるとした。失敗すると自我同一性が拡散した状態に陥るとした。同一性が拡散すると、自分の生き方を見失い、社会に積極的に関与していくことができなくなる。

初期成人期には、異性との親密性が課題になるとしている。それだけではなく、あらゆる他者との親密さを築くことが重要で、それができないと孤立を感じることとなる。

成人期には、世代性が課題となる。つまり、後輩を育て、次世代へとつなぐことが大切になる。それがうまくいかないと停滞の感覚が生じる。

最後の段階である成熟期すなわち高齢期には、人生の統合が課題となる。これまでを振り返り、自分の人生を統合することにより、人生に満足感を得ることができる。統合に失敗すると、人生に絶望することとなる。

2　青年期以降の自我同一性

　青年は自分らしさを見つけるために悩みが多くなる。マーシャという研究者は、自我同一性が達成されるために、心理社会的な危機に直面して悩むことが重要であると考えた。そして、その結果、自分の打ち込むことを見つけることができれば、その危機は乗り越えられたとした。

　そして、①心理社会的危機を経験したか、②現在、社会に熱中できることがあるかどうか、すなわち社会にコミットメントしているかどうかを基準として同一性の状態を区別した。悩んだ末に、社会に適応的に生きる目標が見つかれば「同一性達成」、特に悩むことなく生きる目標を持っているのなら、これは保護者などから目標を授けられてそれを受容しているという「早期完了」、悩みの真最中の人は「モラトリアム」、人生に目標が見つからない人は「同一性拡散」とした。

　現在の青年は、以前に比べ高学歴化が急速に進み、また、社会の高度化により、職業の分化が進んでいる。そのため、社会のなかで自分の進むべき道を見つけるのに時間がかかるので、モラトリアムの人が多くなっているといわれている。

　従来は、青年期で自我同一性が確立して成人期以降も変わらないと考えられてきた。しかし、最近では、中年期、高齢期にも身体能力や社会環境が変化することにより、自我同一性が変容する必要がある場合がみられる。そのようなときに新たに自我同一性を再確立することがみられる。このように自我同一性の確立は青年期に限ったことではないといわれる。

3　交通安全の自我同一性

　自我同一性は、職業的同一性、政治的同一性など多領域にわたっているといわれ、生きていくうえで重要な諸問題について、納得のいく答えを見い出すことが必要であるといわれる。同一性拡散の状態では、反社会的行動や非社会的行動が出現しやすくなると考えられる。

　交通場面についても、交通社会への関わりという心理社会的な危機が存在すると言える。交通社会における不適切な行動は、交通安全に関する知識が欠けているという原因だけではなく、交通社会とのかかわり方の姿勢が原因となっている可能性を考えねばならない。遊技期の安全教育には、主体的に交通ルールを守る姿勢を獲得させることが重要になり、児童期には、交通知識を修得し、それを勤勉に守ることが求められる。しかし、青年期には、交通社会における自分のあり方が重要な課題となる。自我同一性には、否定的同一性という現象があり、社会に不適切な役割をとるしかない状況では、自己の個性を主張するために積極的に社会的に望まれない価値を取り入れる場合がある。これは否定的な価値観を自分のものとして受容しており望ましくない。

　交通安全に積極的にコミットメントしていく意識を形成するには、幼児期からそれを支援する家庭教育、学校教育、地域教育が大切となる。交通安全教育とは、安全を希求する

第6章 交通発達心理学

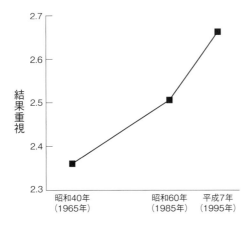

図6-2　交通モラルの推移（内山、2000）

意識が自我同一性の一部となるよう導く支援であり、交通安全知識についての有無を超えた高い次元に本来の課題があることを心にとめていくことが大切である。

4　向社会性の発達

1　向社会性とは

　向社会性とは、他者に対して報酬を期待することなしに援助しようとする心の働きであり、行動として顕在化した場合に向社会的行動と呼ぶ。他者に配慮した安全な運転行動などはそれにあたるといえよう。

　向社会的な行動が引き起こされる心理機序として、認知的側面と情動的側面の検討がされてきた。認知的側面として道徳性の発達、情動的側面として共感性、役割取得などの研究がなされているが、最近では罪悪感や羞恥心などの研究も進められている。

2　交通モラルの推移

　交通モラルは、交通法規を中心とした広い意味で交通安全に関する規範についての意識であると考えることができる。これは交通規則を遵守しようとする気持ちと少しでも無駄なく合理的に行動したいという気持ちの駆け引きのなかで育まれてくる。したがって、行動を決定する際の社会的風潮が交通モラルに反映してくると考えられる。

　ここで昭和40（1965）年からの交通モラルの推移について紹介する。図6-2に示したように交通モラルは交通事故が起きたときの状況をどのように判断するかによって測定している。事故の結果（損害）の大きさより、原因（運転の仕方）の良し悪しを重視する態度をモラルとしてとらえ、結果を重視する態度が強いとモラルが低いと考えている。図6-3は結果重視の傾向を表している。昭和40年から昭和60年、そして平成7年に至って、

結果重視の傾向が強まり、交通モラルが低まっていることがわかる。

3　ピアジェの道徳発達理論

　スイスの心理学者であったピアジェは子どもの道徳性発達研究にすばらしい功績を残している。ここではその中から2つの知見を紹介する。まず、子どもの規則に対する行動や意識である。ピアジェは規則に関する意識には3つの発達段階があると結論している。
　第1段階：興味によって無意識的に従っているが、強制的ではない（4歳ぐらいまで）。
　第2段階：規則は大人が定めた永久的性質をもつ神聖なものとして捉え、修正は許されないと考える（4歳ぐらいから9歳ぐらいまで）。
　第3段階：規則は相互の同意に基づく一法律であると考え、これを尊重しなければならないが、一般の同意を得れば修正ができるとする（およそ10歳以降）。ここでは、もはや規則は修正することができ、集団に適応しえるものと考えられている。

　次いで、過失に対する責任意識である。何か失敗したときの責任意識はどのように発達するのであろうか。ピアジェは、子どもに客観的責任（物質的結果）と主観的責任（意図）のどちらが重視されているかを調べるために次のような例話を設定した。

A　太郎君という小さな男の子がいました。お父さんが外出したので、お父さんのインク壺で遊ぼうと思いました。はじめはペンで遊んでいましたが、そのうちにテーブル掛けに少しインクをこぼして汚しました。

B　次郎君という小さな男の子がお父さんのインク壺が空になっているのを見つけました。ある日お父さんが外出したとき、そのインク壺にインクを入れてお父さんが帰ってきたとき喜ばせようと思いました。しかしインク壺を開けたとき、テーブル掛けを大きく汚しました。

　この例話では、太郎君は汚した量が少ないので被害が小さく客観的責任が低いが、主観的責任である意図は悪いといえる。逆に次郎君の場合、意図は良いがテーブル掛けを汚した量が多いので被害が大きく客観的責任は高いといえる。ピアジェはこの種の例話をいくつか用意して調査を実施した結果、10歳ぐらい以降ではかなり高い割合で主観的責任の良し悪し、すなわち意図を重視した道徳判断が行われるようになることを明らかにしている。このように、客観的な結果で判断する段階から行動の意図まで考慮できようになる。偶然性の関与が高い被害の大きさから、人の行動に対する姿勢まで考慮できるようになるので、道徳性判断の発達といえる。これは前述の交通モラルの測定に応用できる指標である。

4　道徳と慣習

　コールバーグはピアジェの理論を発展させて、道徳判断理論を展開している。コールバー

グはジレンマのある例話を提示し、それに対する回答から道徳性を判断しようとした。有名な課題は、次に挙げるハインツのジレンマといわれるものである。

> ハインツの例話
>
> ヨーロッパにハインツという男性がいましたが、妻が病気で死にかけています。医者によるといい薬があるのですが、その薬を発見した薬剤師は原価よりかなり高額で販売しています。ハインツはお金を友人に借りましたが、不足しており、後払いで売ってほしいと頼みましたが、薬剤師はお金を儲けるために薬をつくっているのでお金がなければ売れないと言います。そこで、その晩ハインツは妻のために薬を盗みに入りました。

表6-3　コールバーグの道徳判断理論

前慣習的段階 （7－10歳）	段階1 段階2	罰回避志向 道具的志向	罰を回避する 欲求を道具的に充足
慣習的段階 （10－16歳）	段階3 段階4	よい子への志向 社会秩序への志向	他者から認められる 社会秩序の保持
脱慣習的段階 （16歳以降）	段階5 段階6	社会契約志向 普遍的倫理への志向	社会全体の幸福 絶対的な倫理観

この課題には正答はないが、どのような視点から回答されたかにより表6-3に示した6つの段階に当てはめられる。世間で常識とされるような慣習的段階に到達し、その後、社会契約的な視点で考えることができるようになると慣習を超えていると判断される。この課題は、学級等で皆が意見を出し合う形で議論を深めることができる。他者の意見を聞くことで、自分とは違った視点を学び、道徳判断の発達に繋がる。さまざまな課題が発案され、年齢にあった使用が可能になっている。交通課題の設定により、交通場面での道徳判断を高めることも可能である。

最近では、カリフォルニア大学バークレー校のチュリエル教授を中心とする研究グループが、ピアジェの理論をさらに進めて、行動を道徳、慣習、そして個人の領域に細分化した考え方を進めている。この立場では、個人の認知体系は環境と相互作用により構築されていくので、そのかかわり方で個人差が生じてくる。子どもは発達のプロセスで両親や教師など多くの先達から学んでいくが、異なる判断が教えられこともあろうし、また、子どもによって受け止め方が異なる場合もある。この複雑なかかわりから、道徳や慣習に対する意識が形成されるのである。

ここでは、道徳と慣習についてだけ紹介するが、道徳というのは正義が根底にあり、公平さや他者の権利を侵さないために、してはいけないと考えられることである。他方、慣

習は社会的関係を調節するためのものであり、規則や社会規範を守ることが根底にある。

チュリエルらはこの点を検討するために、具体的な行動例を挙げ、規則がなくても悪いことかどうかを尋ねた。例えば、10歳から20歳を対象にした調査で、道徳領域の行動として、「身体的に人を傷つける」、「人のノートを盗む」などの行動が挙げられたが、規則がなくても悪いことであると考えるものが多く、ほぼ100%であることが明らかになった。他方、慣習領域である「手づかみで食べる」、「決まりどおり校庭に整列しない」などの行動は規則がなくても悪いとする割合が50%以下であり、さらに年齢の上昇にともない低くなる傾向がある。

このように、場合によっては、規則が社会的正義によるものという見解に達していないことがあり、そのとき遵守意識が低下し、逸脱行動が出現すると考えられる。

5 共感性の発達

共感性とは自分自身よりも他者のおかれた状況に適した感情反応と言うことができる（Hoffman, 2000）。この現象は誕生後まもなくみられる反応的泣きから始まり、自己中心的な共感的苦痛、そして本当の共感的苦痛へと発達していく。

また、共感的苦痛を喚起する機序として模倣、フィードバック、古典的条件づけ、連合、役割取得の5つが挙げられている。

6 役割取得能力

役割取得能力とは、自己を客観的に捉え、社会的視点から自己の行為を省みる心理機能である。セルマンは、木登りが上手な子のジレンマ課題を用いて、役割取得のレベルを測定している。そして、主観的視点の段階から、他者の立場を考慮する段階、そして社会的慣習の重要性を理解する段階へと発達していくことが明らかにされている。

これは、社会の中で自己を位置づけ、そこでの役割感を習得するという意味において、他者の行動に支配されることなく規則を尊重する態度の基礎になると考えられる。

7 罪悪感

向社会的感情の一つとして、罪悪感を挙げることができる。罪悪感は、人が設けた社会的規準あるいは自己規準を破ったときに関係する後悔の念として定義される。これが適切に働くときには、悪事を妨げ、償いや許しを求める行動を刺激すると考えられ、向社会的行動を促進する。

また、罪悪感と似た感情として羞恥心を挙げることができるが、罪悪感は他者がいないときでも自己の規準と照らして感じられるのに、羞恥心は自分のまわりの存在が強く意識されたときに感じられる点で異なる。

罪悪感は2歳頃には発現しており、共感性や役割取得などと関連して発達する。石川・内山（2001）では、幼児期から青年期において、対人場面での罪悪感が共感性と、規則場

面での罪悪感が役割取得と関連することが明らかにされ、罪悪感の発現機序が明らかにされつつある。

罪悪感が感じられるできごとの発達的変化として、筆者の研究室での調査によると、小学生では親や教師に従わないことに強く罪悪感を感じることが特徴である。喧嘩については、小学校4年までは比較的強く感じられるが、小学校6年生以降、その傾向が弱まる。他方、所有物の破壊行為や刑罰を受ける行為については小学校4年生以降、出現率が高くなる傾向がある。

規則違反に関しては、95%以上の小学生が罪悪感を喚起されるが、中学生では約75%、高校生では約55%と減少する傾向がみられる。これは規則のもつ絶対性が低下することによるのであろう。

5 感情と交通安全行動

1 感情と運転

運転中には感情的な事態におかれることが頻繁にある。ネガティブな感情、とくに攻撃的な感情は、運転行動に直結し、交通環境に不適応となることが多いと考えられるので注意が必要である。たとえば、ドライバーのコミュニケーション手段であるクラクションは容易に気持ちが反映される。抗議の意味があれば長くなるし、また長く鳴らされると攻撃行動と受け取りやすい（蓮花、1986）。相手や自分が特定されない状況では、日常場面よりも些細なことで怒りを強く感じることが多くなるであろう。

ドライバーの攻撃性には個人差がみられ、攻撃性を感じやすいものは事故や違反が多いと考えられる。藤本・束（1997）は、運転態度尺度を作成し、若年ドライバーを対象とした調査を行っている。そして運転時の攻撃性や衝動性が危険な運転をしやすいことを指摘している。

運転中に生じる感情が運転行動に及ぼす影響を検討するために、筆者はJAF中部本部交通安全実行委員会の中で、運転中の感情が運転意識や運転行動および交通事故・違反と関連する様相を明らかにするために一連の研究を実施した。

まず、運転中の感情と運転に関する意識を検討するために運転免許を有するJAF会員を対象にアンケート調査を行った。アンケートは、①運転場面における感情表出（運転場面において生じやすい感情表出について12項目設定した）、②運転に関する意識（運転場面における「安全性」、「他者配慮」、「性急さ」）を調べるために、質問紙を使用した。ここで、「安全性」とは安全に対する意識、「他者配慮」とは他者を思いやる共感性、「性急さ」とは急ぐ気持ちである。これらの意識は運転行動に影響を及ぼすことが明らかになっている。

まず、運転場面における感情と事故・違反経験との関連を検討したところ、「運転中、マナーの悪い車には、車内で怒りの言葉をつぶやくことがある」、「マナーの悪い運転をす

る事は恥ずかしい」、「いくら急いでいても、荒っぽい運転をすると申し訳ないと思う」などの項目の評定平均値が、事故の経験が多いと高い。また、違反経験については、事故経験よりも顕著に運転中の感情と関係している。

次いで、これらの項目は因子分析により4因子に集約された。第1因子は、危険な場面でヒヤヒヤするという「恐れの感情」、第2因子は、他者の親切に対する感謝やマナーの悪い運転に対する恥ずかしさなど「向社会的感情」、第3因子は他者に対する「怒りの感情」、第4因子は「あせりの感情」であった。

各感情因子について、事故・違反経験との関係を検討したところ、向社会的感情が表出され、怒りの感情が低いほど事故経験が少ないことが明らかになった。また、違反経験との関連では、恐れを感じやすく、怒りやあせりの表出が低いほど違反が少ないことが明らかになった。感情表出と運転意識にも関係がみられ、他者配慮が高いドライバーは向社会的感情が生じやすく、性急さが高いドライバーはあせりを感じやすいことがわかる。

ドライバーは、運転中に感情的な事態におかれることがたびたびあるが、感情が優勢な運転行動様式は、事故に結びつくことがある。そこで、運転場面で感情が生起した際にそのコントロールを行うことが交通事故や違反の発生を低減するのではないかと考え、調査により確認をした。

さらに、運転免許を有するJAF会員を対象にアンケート調査を実施した。前述の調査と同様に、①運転に関する意識（「安全性」、「他者配慮」、「性急さ」に関する意識）質問紙を使用した。また、②運転場面における感情（「怒り」、「あせり」、「恐怖」、「罪悪感」）について回答を求めた。さらに③運転中の感情コントロールに関する項目を設定した。

調査の結果、運転意識に関して「安全性」が高く、「性急さ」が低いドライバーは違反が少なく、また、「他者配慮」が高いドライバーは違反が少ない傾向が確認された。運転中の感情に関する分析では、「ウインカーを出さずに割り込んできた車には腹がたつ」、「運転中、マナーの悪い車には、怒りを感じる」、「渋滞していると、いそがなくてはとあせる」、「遅い車の後ろにつくと気持ちがあせる」ドライバーは、違反の経験が多いことがここでも確認された。次いで、運転中の感情因子である怒りやあせりの感情を感じるほど、違反が多いことが明らかになった。

次に、運転中の感情コントロールに関して分析を行った。「いらいらを発散するためにスピードを出すなどして気分をはらす」ドライバーは、事故や違反経験の多い運転者が高い。また、「窓を開けるなど、新鮮な気持ちになるようにする」ドライバーは、事故、違反経験が少ない。

そこで感情のコントロールに関する項目について因子を抽出したところ、2因子となった。第1の因子は「いらいらを発散するためにスピードを出すなどして気分をはらす」項目に代表される「イライラ発散」因子である。第2の因子は、「窓を開けるなど、新鮮な気持ちになるようにする」項目に代表される「気分転換」因子である。そして、事故や違反が多いドライバーほど、いらいらを直接発散し、気分転換をしていないことが明らかになった。

そこで、運転に関する意識、運転中に生じる感情、そして、感情のコントロールを総合的に分析し、運転中の感情コントロールの形成に関する要因の検討を行った。「イライラ

発散」は、性急さの意識からあせりの感情を通して生じ、また、性急さの意識も直接高い負荷をもっていることがわかる。他方、「気分転換」は他者配慮や安全性の意識から罪悪感の感情を通して生じる傾向がみられる。このように運転中に喚起される感情は運転行動をコントロールする可能性が確認されている。

2 青年期のリスク行動

青年は、危険であることを知りながらもその行動を行う傾向がある。リスクを求める傾向が高い人は、危険が伴っても刺激が得られる行動に挑戦するが、その傾向が低い人は堅実に安全な行動を求める。たとえば、車を運転する場合、速度の高い運転は危険を好む行動といえる。危険を避けたい気持ちが強く、安全でゆったりとしていることを好めば、事故にあう可能性は低くなる。若者は成人や高齢者よりも刺激的な場面を好むので危険傾向が高いといえよう。

最近の脳科学では、米国の国立精神衛生研究所のジェイ・ギード博士によると、脳の画像研究からピアジェの指摘するように認知能力が12歳で大人の水準に達するわけではなく、20歳代半ばまで続くという。神経細胞は信号を送達する軸索が随鞘という絶縁体で取り巻かれており、この軸策が神経伝達スピードを向上させ、脳の処理速度を高める。その反面、神経系が構造化し、柔軟性が低下していく。したがって、20歳代半ばまで著しい発達が続いた後は、緩やかな発達になる。

また、脳の発達は後頭部から前頭部の方向に進むことが明らかになっている。後頭葉には、知覚系の機能があり、前頭葉には行動が導く結果を予測する思考機能がある。青年は知覚系が優れているが、前頭葉の発達が遅れているため、先の見通しをせずに短絡的に行動してしまうことが多いわけである。20代半ばになると先を見通して行動することができるようになるが、青年期の脳は未完成であるため危険な行動をしやすいといえる。

青年が危険な運転をする原因のひとつに仲間の影響がある。テンプル大学のスタインバーグ教授はコンピュータの運転ゲームを利用して、運転中の信号通過の様子を分析した実験を行っている。そのゲームでは、街の中を運転して早く走り抜ければ得点が高くなるが、途中に信号があり、信号が黄色に変わった時に車を停止させるか、そのまま走り抜けるかを調べるものである。

この研究では、13歳から16歳までの青年（adolescents）、18歳から22歳までの青年（youths）、24歳以上の成人が参加している。そして、実験は一人で行う群と、仲間と一緒に参加して交代で運転する群に分けられた。その結果、一人で運転する場合は危険行動の傾向は低く、年齢が高いと危険傾向は低くなる。しかし、仲間と一緒に参加した群では、危険傾向が出現しやすく、とくに、22歳までの青年ではその傾向が強くみられた。ただ、成人になれば、一人で運転する時と仲間がいる時の差異が小さくなっている。

これは青年が仲間との関係を重視することに起因している。一人で運転するとリスクテーキング行動が少ないことから、青年は危険な運転をするというよりも、仲間に良いところを見せたいという気持ちが働いている可能性がある。青年にとって仲間から勇敢であると思われることが報酬となっているようである。

3　感情のコントロールと EQ（感情性知能）

　運転のような危険が伴う場面では、感情のコントロールが上手になされることが大切である。米国においてゴールマン（Goleman, D.）が、社会で成功した人は感情のコントロールが上手であるということを指摘して話題になった。これは、EQ（Emotional Quotient）、すなわち感情（情動）性知能と言われる。この語は、IQ（Intelligent Quotient）、すなわち知能指数と対にして捉えることができる。この論文の著者であるガードナーは、優秀な学業成績で大学に入学したにもかかわらず、社会的に成功しない学生を取り上げ、従来のIQだけを重視する立場を否定している。

　知能は、個人の言語、数、空間などに関する教義の能力を基礎としている。知能指数は100年ほど前に実用化している。当時の義務教育制において、普通教育についていけない子どもを見い出すために知能テストが作成された。これは、実際に生活している年齢に対して、どの程度の年齢に相当する能力を有するかという比率から産出しており、現在でも頻繁に用いられている。

　しかし、知能を広義に捉え、目的をもって行動し、合理的に考え、環境に効果的な対処をする総合的な能力と定義する考え方がある。他者を理解し、人間関係をうまく維持する能力、すなわち社会的知能の存在が主張されている。ただ、知能テストが作成される段階で、正答が得点化しにくい社会的な能力が抜け落ち、結局、現在のような狭義の知能が測定されるようになった。

　EQ は、学術的にはサロヴェイとメイヤー（Salovey, P. & Mayer, J.D.）により提案された、感情をうまく利用し、制御して、柔軟で創造的に思考することにより、対人関係を円滑にする能力である。つまり、
　①自分自身の感情を理解すること
　②他者の感情を理解すること
　③自分の感情を制御すること
　④他者の感情をうまく受け止め、対処すること
　⑤自分自身を目標達成に向け動機づけること
などがEQ の必要条件であると言える。交通社会でも安全な運転をするためにEQ の高さが必要とされるのではなかろうか。

6　交通安全総合力の発達

　ここまで、児童期や青年期の身体・心理特徴を中心に紹介した。知覚能力は成人を迎えた頃にピークを迎え、後は徐々に衰え、高齢期ではその衰えが顕著となる。知能テストには、言葉を操る力である「言語性能力」と、感覚や知覚などに関する「動作性能力」を分けて測定できるが、加齢による変化をみると、言語性の能力は高齢期まで高く維持されるものの、動作性能力は20歳代をピークにして衰退していくことが明らかになっている。

第6章　交通発達心理学

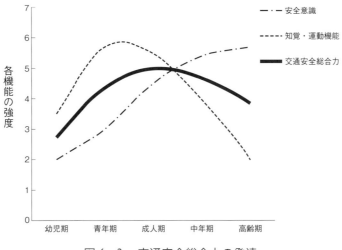

図6-3　交通安全総合力の発達

　行動面の発達でも、たとえば、交通に関係の深い歩行の速度は、1歳から2歳でよちよち歩きができるようになると、成人まで能力は向上していくが、そこをピークにして衰えていく。高齢期には顕著に歩くスピードが遅くなる。道幅が16メートルほどの横断歩道をわたるスピードは、ある調査によると、若年者は1秒間に1.3メートルほどであるが、他方、高齢者は渡り始めは1秒間に1.3メートルほど進むものの、後半になるとスピードが落ち、1秒間に1.1メートルほどになる。高齢期になると個人差は大きいが、平均的にみて歩く能力が低下している。
　交通安全には安全意識の涵養が必要である。筆者は20歳代以降からのドライバーを調査対象にした交通安全意識のアンケート調査に幾度か参加している。交通安全意識の項目を変えて、さまざまな視点から実施しても、毎回、交通安全意識は年齢とともに高くなり、高齢期で最高点になっている。したがって、安全に対する意識は、年齢とともに高くなるといえる。ただ、この調査は免許を有するドライバーが対象だったので、免許年齢になるまでの子供、そして、免許を返納した超高齢者などは対象になっていないので、今後、更なる調査が必要とされる。
　交通安全行動は、知覚や運動系の身体的機能、そして、それらを支配する上位概念として交通安全意識による総合的な働きによる。意識が高くても身体能力がついていかなければ安全性は保てないし、知覚や運動系の身体能力が優れていても安全意識が低くては、その身体能力の高さが無謀な運転につながり、安全性は保てない。
　交通安全行動を維持するには、その両者がバランスよく整っていることが必要である。これら両者からなる交通安全を実現する総合力をここでは交通安全総合力と名付ける。図6-4に示した曲線は、身体能力と安全意識の発達的な変化、そして、その両者からなる交通安全総合力を示している。図中の曲線は各機能の高さをイメージ的に示している。知覚・運動能力は青年期をピークに衰退し、安全意識は加齢に伴って上昇する。その両者から導かれる総合力は成人期から中年期にピークを迎え、その後衰退する逆U字形をとると想定される。したがって成人後期がもっとも安全に運転できる時期ではないかと考える。
　ただ、成人後期になると仕事の責任が増える時期で多忙となり、健康上の問題が生じや

すくなる時期かもしれない。身体面と安全意識に限定した交通安全総合力を、環境とのかかわりなどの要因も考慮してさらに精緻化していくと交通安全の実践モデルの一端となるのではないか。

7　交通安全のしつけ

　交通安全教育は、年齢に見合った教育が実施される必要がある。教育を施す主体は、親、教師、講師、安全運転管理者等さまざまである。家族は、子どもにとって、集団生活を学習する最初の場である。対人関係の築き方や他者へのいたわりなどの基本を学ぶ。では、母親は子どもの安全教育にとってどのような役割を果たすのであろうか。母親は子どもにとって二つの機能をもっている。一つは子どものしつけである。子どもに教育的視点から、いろいろと教えることである。次いで、子どものモデルとしての母親である。これは、子どもが大人の行動を知らず知らずのうちに習得していく際のお手本としての機能である。

　児童期について行った調査研究を紹介する（Uchiyama & Ito, 1999）。これは、小学3年生と6年生、そしてその親と教師の協力によりなされている。小学生の安全意識を質問紙調査、行動を教師による評定調査、そして母親には交通安全に関する意識調査と日常生活での子どもの安全に関する口頭注意の程度を調べた。小学3年生では子どもに対する口頭の注意、すなわちしつけが効果的に子どもの安全行動と関係している。これは6年生になると変化が生じる。3年生ではほとんどみられなかった母親の安全意識と子どもの安全行動の関係が強まってくるのである。これは、小学6年になると、親はしつけの役割だけでなく、一人の大人として、親の意識そのものが子どもに影響を及ぼすようにことを示している。児童の認知段階が高くなるので、具体的な口頭注意だけではなく、母親の気持ちを理解して自分の心理システムの中に吸収することが起きるのであろう。

まとめ

　交通安全にかかわるものは、幼児期から高齢期までの発達の知識を修得し、身体的、認知的、感情的、そして社会性についての特性を考慮する必要がある。また、地域に根ざした安全文化の背景のもと、私たちは交通行動をしていることを考えると、幼児から高齢者まで、その視点をもって交通安全の啓蒙を進めていくことが大切となる（内山，2003）。交通安全を学問そして科学として考えると、学際的（注5）な性格が強いので総合的な学びが必要となろう。

（注5）　国際的と同じ用法で、多くの学問がかかわるということ

文 献

ドプス, D ティーンズの脳の驚異 (2011, 10). National Geographic.

エリクソン, E. H (. 1977) 幼児期と社会 仁科弥生（訳）(Erikson, E. H. 1950 Childhood and society. W.W.Norton) みすず書房.

藤本忠明・東正訓 (1996). 若年運転者の運転態度尺度構成に関する研究 交通心理学研究, 12, 25-36.

ゴールマン, D. (1995). EQ－こころの知能指数 土屋京子（訳）(Goleman, D. 1995 Emotion al Intelligence. Brockman) 講談社.

ホフマン, M. L. (2001). 共感と道徳性の発達心理学 菊地章夫・二宮克美（訳）Hoffman, M. L. 2000 Empathy and moral development. Implication for caring and justice. Cambridge Uni. Press) 川島書店.

石川隆行・内山伊知郎 (2001). 5歳児の罪悪感に共感性と役割取得能力が及ぼす影響について 教育心理学研究, 49, 60-68.

蓮花一己 (1986). クラクションによる対人コミュニケーションの実験的研究 交通科学, 15, 27-33.

Salovey, P. & Mayer, J. D. (1990). Emotional intelligence. Imagination, cognition and personality, 9, 185-211.

Uchiyama, I. & Ito, A. (1999). Children's view of safety and estimated behavior an d their mothers' view of safety and cautions. Perceptual and Motor Skills, 88, 615-620.

内山伊知郎 (2000). 交通モラルの推移と幼児安全教育 大阪交通科学研究会（編）交通安全学 企業開発センター交通問題研究室.

内山伊知郎 (2003). 交通安全文化 交通科学, 34, 1-4.

第7章 交通カウンセリング

1　交通カウンセリングとは

　カウンセリングとは、心理学等の科学に基づき、人の発達の支援、適応の促進、問題の解決を目指して行われる専門的な援助活動である。狭義のカウンセリングは個別面接とアセスメントを指すが、広義のカウンセリングには、集団を対象とした心理教育、組織を対象としたコンサルテーションなども含まれ、技法は多岐に亘る。

　交通カウンセリングとは、交通心理学などに基づき、交通の領域においてカウンセリングを行うことである。中心となるのは個別面接とアセスメントであるが、広義に捉えれば、集団や組織に対する介入も交通心理学と交通に関する業務などの知識に基づいた専門的な援助活動であるならば交通カウンセリングといえる。

2　交通カウンセリングと関連領域の関係

　交通カウンセリングを行うに当たっては、交通心理学だけではなく、心理学全般、特にカウンセリング、カウンセリング心理学、心理療法、臨床心理学について基本的なことを知っておく必要がある。

　今日では、心理療法とカウンセリングは、ほとんど同義語的に使われているが、その成立過程は大きく異なっている。そのために、カウンセリングと心理療法の発展の中心であるアメリカでは、カウンセリング及びカウンセリングに関する学問体系であるカウンセリング心理学と、心理療法を包括する学問体系である臨床心理学とは、かなり明確な区別がなされていた。進学、就職、結婚など人生の転機に生じる悩み、あるいは学校や職場での対人関係など、もともと健康な人にも一時的に生じる心理的問題を対象としてきたのがカウンセリングとカウンセリング心理学であり、一方、精神医学と密接な関係にあり、精神

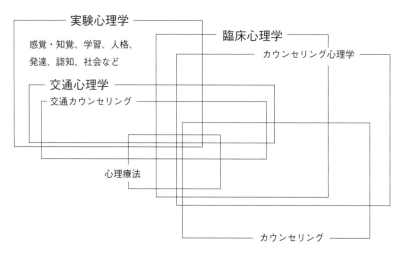

図7-1　交通カウンセリングと関連領域の関係

的な病気や異常を対象としてきたのが心理療法と臨床心理学であった。これらは、互いに対象とする範囲を拡大してきた結果、現在では明確な区別はなされなくなっているが、これらの関係については次のように考えられる。

　心理療法は、「特定の人間観を背景とする理論を学問的背景とし、その理論に基づいて心理的援助実践活動を行う方法論の総称である。したがって、各々の理論と技法の体系ごとに固有の心理療法を標榜する学派が存在する。人間的成長を重視し健康な側面の成長促進を目的とするカウンセリングや、アカデミックな心理学を背景に、実証的研究に基づく心理アセスメントと、介入を軸としてさまざまな問題に対する解決を目的とする臨床心理学とは学問的に区別される。ただし、日本では、心理療法とカウンセリングの境界は明確ではなく、両者を融合したものとして心理臨床学という呼称が用いられることもある」（高橋、2013）。

　日本では、心理療法とカウンセリングの境界が明確でないだけでなく、これらと臨床心理学との境界も明確ではない。カウンセリングの専門性を保つために、心理療法、臨床心理学との違いを常に明らかにしていく努力が必要であるといえよう。カウンセリングと心理療法との相違点を簡略に示したものが表7-1であるが、こういった相違点に注目していくことが大切である。

　さらに、交通カウンセリングの立場からも、カウンセリングと心理療法の区別は必要だと考えられる。交通カウンセリングの主要な役割は、健康な人の交通に関する課題や問題の解決、交通環境への適応促進を援助することであり、アルコール依存や薬物依存あるいは反社会的傾向がある運転者といったような病理性や異常性のある問題については、医学や心理療法に委ねるべきである。カウンセリング、心理療法、臨床心理学の違いを明らかにするために、起源を辿る。

1　カウンセリングの起源

　アメリカの教育者パーソンズを中心にして、1900年代初めに起こった職業指導運動がカウンセリングの起源とされている。この職業指導では、さまざまな職種に関する情報の

表7-1　カウンセリングと心理療法の違い

	カウンセリング	心理療法
対象	個人　集団　組織 健康な人にも一時的に生じる問題	個人 精神的な異常や病気
問題への視点	事例性（仕事の処理量が低下した、ミスが増えたなどの事実）に着目	疾病性（不眠、体重減少などの症状）に着目
目的	発達援助モデルに沿った問題の解決・心の成長促進	医学治療モデルに依拠した問題の改善
姿勢	広く浅く、臨機応変であることを重視	依拠する理論の専門性、深さを重視

山本（1986）を参考に作成

提供、個人の適性や能力などの分析、それらを基にした職種の決定に対する援助（カウンセリング）が行われた。

そして、1930年代には、ウィリアムソンによって、大学におけるテストや情報の利用を重視した特性因子理論に基づくカウンセリングが行われ、全人格的な援助を目指した活動へと発展した。さらに、1940年代にはロジャースによって来談者中心療法が提唱されてカウンセリングは大きく発展した。ロジャースは、カウンセリングと心理療法は同じものだとしており、今日の混乱をもたらす一因になっている。

2　心理療法の起源

オーストリアの精神科医フロイトは、無意識の世界に抑圧された欲求が神経症を引き起こすと考え、自由連想法という技法を用いて抑圧された欲求を意識化させることによって治療できることを示した。こうしてフロイトは、「精神分析学」を一つの学問体系として確立した。精神分析学は、治療技術の体系でもあり、この観点からみて精神分析療法とも呼ばれ、心理療法の起源であるとされている。その後、さまざまな心理療法が提唱され、今日では少なくとも400種類以上があると言われている。

3　臨床心理学の起源

アメリカの心理学者ウィットマーは、1896年、ペンシルバニア大学に世界で初めての心理クリニックを開いた。これが、臨床心理学の起源とされている。このクリニックでは、主として学習障害児を対象として心理学的な検査を実施し、その結果の分析に基づいた矯正教育的な方法による治療が行われた。

ウィットマーの名前は臨床心理学の創始者として歴史に刻まれているが、それ以後の歴史の中では大きな影響力を持たなかった。これは、知的障害や学習障害の問題に対象を限定して臨床活動を行ったこと、また問題の身体的・神経学的側面を重視する傾向が強かったことによるとされている。ウィットマー以後の臨床心理学は、1910年ころにアメリカで起こった精神衛生運動によって発展していった。

3　心理的障害

カウンセリング、心理療法、臨床心理学が対象とする心理的障害で特に重要なのが神経症と心身症である。また、近年、発達障害に関する知識も求められるようになっている。

1　神経症

心理的原因によって起こる不調であり、他の心理的障害に当てはまらないことによって診断される。

不安神経症	漠然とした慢性的不安と、呼吸困難、めまい、心臓が止まりそうな感覚などに襲われる不安発作（パニック発作）が見られる。
強迫神経症	いくら振り払っても執拗にある観念が浮かんできたり、ある行為を繰り返さなければならなかったりする。
ヒステリー	歩けない、声が出ないなどの身体的な症状に表れる転換型と心因性の健忘などを示す解離型がある。
抑うつ神経症	抑うつ状態が長く続く。うつ病との区別は難しい。
恐怖症	対人恐怖、閉所恐怖、不潔恐怖など、特定のものに異常な恐怖を示す。
心気症	些細な身体的不調を重大な病気だと思い込むような症状が現れる。

2　心身症

　心身症とは、「身体疾患の中で、その発症や経過に心理社会的因子が密接に関与し、器質的ないし機能的障害が認められる病態で、神経症やうつ病など、他の精神障害に伴う身体症状は除外する」と定義されている（日本心身医学会教育研修委員会）。例を挙げると、「本態性高血圧」「胃・十二指腸潰瘍」「気管支喘息」「過呼吸症候群」などがある。

3　発達障害

　発達障害者支援法では、発達障害とは「自閉症、アスペルガー症候群その他の広汎性発達障害、学習障害、注意欠陥多動性障害その他これに類する脳機能の障害であってその症状が通常低年齢において発現するものとして政令で定めるものをいう」とされている。広汎性発達障害は、アメリカ精神医学会の診断基準DSM-5では、「自閉スペクトラム症」（注1）へと変更されている。発達障害のうち、例えば、注意欠陥多動性障害では、じっとしていられない、他人の会話に割り込むなどの多動性の症状や、忘れ物や紛失が多い、気が散りやすいなどの不注意の症状が見られる。交通カウンセリングを行うにあたって、これらへの理解を深めることが望まれる。

（注1）2013年に19年ぶりに改訂されたアメリカ精神医学会の診断基準DSM-5におけるAutism Spectrum Disorderの訳語である。DSM-4では、このカテゴリーは広汎性発達障害であった。翻訳の際に、社会的に誤解のない表現として「障害」よりは「症」を用いる方が適切であるという議論を経て、従来の「自閉症スペクトラム障害」に換えて「自閉スペクトラム症」が用いられようになった。一般的には、まだ、広汎性発達障害が用いられることが多く、これに含まれるものには、自閉症、高機能自閉症、アスペルガー症候群がある。自閉症は、3歳位までに現れ、①他人との社会的関係の形成の困難さ、②言葉の発達の遅れ、③興味や関心が狭く特定のものにこだわることを特徴とする行動の障害である。自閉症のうち、知的発達の遅れを伴わないものを高機能自閉症、さらに、言葉の発達の遅れを伴わないものをアスペルガー症候群という。いずれも、中枢神経系に何らかの機能不全があると推定されている。厚生労働省では、症状が軽い人たちを含めると約100人に1人いるとしている。文部科学省では、小中学校の通常の学級に在籍する高機能自閉症、注意欠陥多動性障害、学習障害の可能性のある児童生徒は6.5％としている。自閉症をスペクトラム（連続体）としてとらえられるようになったことにより、比較的症状が軽い人への認識が広まり、これまで気づかれなかったことが問題化し、一層の社会的支援が求められるようになっている。

4　カウンセリング、心理療法の理論

　交通カウンセリングの基本として、カウンセリングと心理療法の諸理論について概要を知っておく必要がある。ここでは、主要な理論について説明する。ここで取り上げる精神分析療法、行動療法、来談者中心療法の三つを三大心理療法という。また、行動療法に認知療法などの認知を扱う理論が合流した認知行動療法が近年急速に広まってきている。

1　精神分析療法

　フロイトが考え出した学問体系を精神分析学という。治療体系を指す場合には精神分析療法と呼ばれる。精神分析学では、心が三つの領域、すなわちイド（エスともいう）、自我、超自我から成り立っているという考え方（心的装置）を基礎としている。

　イドは、無意識の世界にあり、リビドーといわれる生物的・本能的エネルギーを取り込み、これを満足させようとする働きをする領域である。簡単に言えば、イドは願望・欲求である。自我は、超自我の監視や制御を受けながら、快楽のみを追求しようとするイドからのエネルギーを現実の世界に受け入れられるように調整をする領域である。超自我は、親のしつけなどによって形成される良心であり、自我を監視し制御する働きをする。フロイトは、超自我の制御を受けた自我が願望や欲求を無意識の世界に抑圧することによって神経症が起こると考え、無意識の世界に抑圧されたものを意識させることによって治療できることを示した。このように、無意識の世界に抑圧されたものを見つけ、それを意識させること、つまり無意識の意識化によって、心理的な問題を解決しようとするのが精神分析的な手法である。

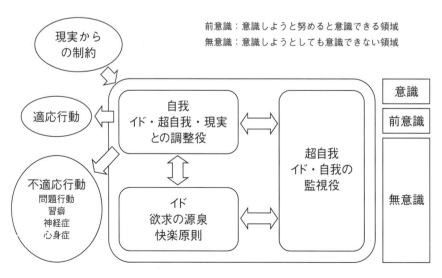

図7-2　フロイトの心的装置

第7章 交通カウンセリング

　無意識の世界に抑圧されたものを探究する方法が自由連想法である。クライエントはセラピストが見えない位置にある寝椅子に横たわり、関係のないことだからとか恥ずかしいからと除外することなく、心に浮かんだ一切を話すことを要求される。このような自由連想を繰り返していくと、抑圧されていたものが次第に意識されてくる。しかし、クライエントの自我はそれに不安を感じ、抵抗といわれる自由な連想をさまたげる現象が生じることがある。この抵抗をセラピストは表面の層から逐次指摘し、無意識の意識化が進行するようにする。自由連想の進行を通して、クライエントはセラピストに、幼児期に両親やその他に感じた恐怖やしっとや依存心を投射し、セラピストが自分を拒否し傷つけるのではないか、特別に自分を愛しているのではないかなどと誤認する。これを転移という。転移を通して、病因となった幼児期の葛藤が再現され、解釈によって意識される。この際、クライエントは、セラピストが自分の思いこみと異なって中立的受容的であることを経験する。これは、転移を解消し対人感情を修正する重大な体験となり、これを修正感情体験と呼ぶ。これらの過程を通じて、治療がなされるのである。

2　行動療法

　行動療法とは、学習理論を用いて特定行動の変容を図る技法の体系である。学習理論の中心となるのが、レスポンデント条件づけとオペラント条件づけである。レスポンデント条件づけの例として、パブロフが行った犬の唾液分泌の条件づけが挙げられる。これは、犬に「えさ」と「ベルの音」を対提示して、「えさ→唾液分泌」という連合を「ベルの音→唾液分泌」という連合に置き換えるものであった。オペラント条件づけの例としては、スキナーが行った実験が挙げられる。これは、レバーに触れるとえさが出てくる仕組みになっている箱にハトを入れると、ハトは初め偶然レバーに触れてえさを手に入れるが、やがて箱に入れられるとすぐにレバーを押してえさを手に入れるようになるというものであった。ハトは、箱に入れられるという刺激によってレバーを押すという新しい行動を学習したのである。

　行動療法では、人の適応を妨げる不安や恐怖のような心理的な状態も、条件づけによって学習されたと考えることを前提としている。例えば、多くの人が恐怖を感じないものに

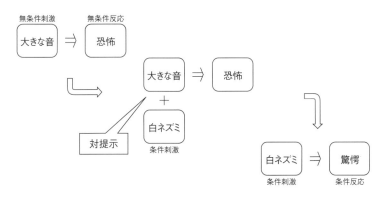

図7-3　恐怖条件づけの過程

対して強い恐怖を感じる人がいるが、これは、恐怖の対象となっているものと、もともと人に恐怖を感じさせるものとが、過去に対提示されて学習された結果であると見るのである。図7-3は、ワトソンが幼児に行った白ネズミへの恐怖条件づけの過程を説明したものである。幼児にとって白ネズミは恐怖の対象ではなかったが、条件づけの後には白ネズミに恐怖を示すようになったのである。実際にこのようなことが起こった場合には、行動療法の立場では学習理論に従って、不適切な学習の結果を消去するか、あるいは望ましい行動を学習させることが目標となる。この療法の特徴は、問題となっている行動だけに注目し、行動の背景にある心理的なものは考慮しないことである。

3　来談者中心療法

　ロジャースが提起した療法である。この療法では、人間には誰にでも潜在的に自己実現ないし成長への衝動が内在し、それを開放することによって問題の解決がなされると考える。
　この立場では、クライエントは人として主体性を無条件に尊重されると同時に、クライエントに対して正確な共感的理解に立つかかわりあいを重視するカウンセラーに出会うことによって、自らがその場の主体であることや、自己指示と自己決定の方向が示唆される。そして、カウンセラーの受容や明確化によって、否定的感情の表出に続いて肯定的感情が表れ、洞察に導かれる。それとともに、新しい行動が積極的に起こり、洞察と行動が深く広く統合されるにつれて、独立した人格としてのクライエントが明確に表れ始め、終結を自ら決定することになる。ロジャースがカウンセラーに求められる条件として挙げた無条件の肯定的配慮、共感的理解、純粋性は、カウンセラーの基本的な姿勢として広く受け入れられている。

無条件の肯定的配慮（受容、尊重）
　クライエントのどのような考え、感情、行為をも否定せずに受容すること。この受容は、承認や是認とは異なる。

共感的理解
　クライエントの体験や内的世界を、あたかも自分自身のものであるかのように想像的に感じ取ろうとすること。しかも、それに巻き込まれないこと。

純粋性（透明性、自己一致）
　カウンセラーが、自分の感情・態度・気分などについて常に感知しており、それをクライエントに隠し立てせずに透明であること。

4　交流分析

　バーンが提唱した理論であり、心が、親の自我状態、大人の自我状態、子どもの自我状態から成り立つということを基本にしている。それぞれの自我状態の強弱を計ることによって性格を理解したり、二者間の会話を自我状態の働き方によって理解することにより円滑なコミュニケーションに役立てたりする。精神分析学の口語版と言われることもある。

5　認知療法

うつ病に対する心理療法として、ベックが1960年ころから発展させてきた療法である。ベックは、うつ病の原因が否定的自動思考であるとしている。例えば、「自分は完全な状態で仕事ができなければ、人に好かれない」という否定的自動思考があれば、仕事のつまずきによって容易に否定的見かたに取り込まれてしまう。そしてベックのいう認知の3対象にそれが向けられる。つまり自己（例えば「私は役立たずだ」）、現在の体験（例えば「私は何をやってもうまくいかない」）、未来（例えば「私はこれからも決してよくならない」）のそれぞれに自動的に否定的解釈がなされ、うつ病に至ると考えるのである。この否定的自動思考をクライエントに意識させることによって問題を解決しようとするのが認知療法である。

6　論理療法

エリスが1955年ころから発展させてきた療法で、認知療法（出来事についての考え方に働きかける療法）のひとつである。この療法では、カウンセラーがクライエントを説得し、クライエントの認知（この療法ではビリーフと言う）を変えることが目標となる。エリスは、例えば、人に嫌われたことが強い悩みになっているとすると、その悩みは、「誰からも好かれるべきだ」「誰からも嫌われてはいけない」というビリーフを持っているから生じるのだと見るのである。そこで、カウンセラーは説得によって、「誰からも好かれるべきだ」というビリーフを、「すべての人に好かれるに越したことはないが、嫌われたからといってその人のすべてが否定される訳ではない」というビリーフに変えていくのである。

7　認知行動療法

行動療法では、改善の目標を外顕的な行動や反応に限定してきた。認知心理学の台頭によって外顕的な行動には表れない内面的な活動（＝認知）の重要性が認められるようになり、行動療法の限界が指摘されるようになった。このような流れに、認知療法、論理療法が合流し、今日の認知行動療法へと発展してきた。

認知行動療法では、予期や判断、信念や価値観といった内的な反応も改善の対象としている。技法としては、認知療法、論理療法を発展させたものから行動療法の色彩の強いものまで多岐に亘り、また、これが組み合わされて用いられる場合も多い。認知行動療法と呼ばれる技法の共通点は、①クライエントが自己の行動や認知を自己観察する、②具体的な対処法を獲得していく、③偏った考え方の不合理性に気づかせ、適応的な考え方を身につけていくといったことである。

8　遊技療法

　主として子どもを対象とする療法である。厳密なきまりはなく、どのような遊びでもよいが、遊ぶことが問題の解決につながるという考え方が基礎になっている。まず、遊ぶことを通じて、カウンセラーはクライエントとの信頼関係を自然な形で作り出すことができる。その過程で、クライエントは受容され、安定感を得る。また、この信頼関係は、クライエントの社会性の獲得や対人関係の向上にも寄与する。そして、遊ぶことには浄化（カタルシス）の作用があり、無心に遊ぶことによって、うっ積していた悲しみや不満、怒り、反抗心などが解消される。さらに、遊びを通じて、クライエントは喜びや充実感、達成感を味わう。こうして問題が解決されていく。

9　箱庭療法

　ローエンフェルトによって考案され、その後、カルフが発展させた療法である。器具として、木箱（57 × 72 × 7 cm）、砂、ミニチュア玩具（人、建物、動物、乗り物、木などできるだけ多種多様である方がよい）を用意する。箱は、水の感じを出すために内側が青く塗られている。その中に砂を敷く。そして、ミニチュア玩具を用いて、クライエントに箱の中に自由に作品を作らせるのである。遊戯療法と同じように、作品を作ることによって心理的な浄化が行われ、問題が解決される。また、ミニチュア玩具とそれが置かれた場所にはそれぞれ象徴的な意味があり、作品にはクライエントの内面が投影されていると考えられている。そこで、作品を解釈することにより、クライエント本人も意識していないような問題が明らかになるという面もある。

10　家族療法

　多くの技法がクライエント個人を対象とするのに対して、この療法では、家族を相互に作用し合っているひとつのシステムと捉え、家族全体に働きかけて変容を計ることが目標となる。あるクライエントの問題は、その人を含む家族全体の問題であるし、そのクライエントは病んでいる家族の犠牲者であると捉えられる。具体的には、クライエントとその家族にそれぞれ個別面接を行うことと、全員を対象にした集団面接を行うことを組合せながら進められるのが一般的な形である。

11　構成的グループ・エンカウンター

　國分康孝によって提案された開発的カウンセリング技法であり、リーダーが用意したエクササイズを刺激剤にした「ふれあい体験」を通して、自己発見と他者理解を核にした人間関係を学習する（國分、1992）。実際には、インストラクション、ウオーミングアップ、エクササイズ、シェアリング、ふり返りという形で行われる。ロジャースのベーシック・

エンカウンターでは、数日間の合宿の形態を取るのに対して、構成的グループ・エンカウンターは50分程度であり、実施が容易である。当然、構成的グループ・エンカウンターの方が交流の程度は浅くなるが、一方で心理的な安全は保ちやすい。また、ベーシック・エンカウンターに比べて、構成的グループ・エンカウンターでは、一度に100人程度の人までを対象にすることができるという特徴がある。集団を対象にした発達促進的・開発的カウンセリング技法であることから学校で用いられることが多いが、今後は企業などで対人関係向上を目的に活用されることが期待される。

12　ストレスマネジメント教育

　ストレスにどのように対処して行けばよいのかということについて体系的な教育を行うことであり、集団を対象にした予防的・適応促進的な広義のカウンセリング技法として注目されている。

　心理学的ストレス研究の先駆けとなったのが、ラザルスのトランスアクショナルモデル（注2）であり、これを基にいかにストレスに対処するかという研究が進展してきた。人の心身に圧力を加える事象（対人関係のトラブル、身近な人の死、災害など）をストレッサーといい、ストレッサーに曝されていることをストレス状態という。ストレス状態が長く続くと、「無気力」や「怒り」、「身体的不調」といったストレス反応が起こる。ストレス反応に至らないようにストレッサーに対処することをコーピングというが、これにはストレッサーとなっている問題そのものを解決しようとする問題焦点型と、ストレッサーによって起こる興奮や不安、怒りなどの情動を解消しようとする情動焦点型があり、一つのストレッサーに複数のコーピングを行う人がストレスに強いということが分かっている。このような知識を伝えるのがストレスマネジメント教育である。

（注2）ラザルス（Lazarus, R. S.）が提唱したストレス理論であり、心理学的ストレス研究の先駆けである。ストレス反応が起こるかどうかは、ストレッサーの強弱が直接左右するのではなく、人がストレッサーに対してどのような認知的評価を行っているかによるとする理論である。まず、ストレッサーが自分にとってどの程度脅威か、自分にどの程度関係があるかが一次評価される。例えば、「明日、試験がある」といった場合に、「試験に落ちたら将来はない」と思っている人にとっては大きな脅威になるが、「試験に落ちてもまた受ければよい」と思っている人にとっては脅威とならない。次に、ストレッサーが脅威だと評価されると、それに対してどのようなコーピング（対処）ができるかが二次評価される。そして、選ばれたコーピングによってストレス反応が低減すれば、次の同様のストレッサーへの評価の際に、脅威ではないと評価することになる。逆に、選ばれたコーピングによってストレス反応が低減されなければ、そのストレッサーが一層脅威となる。ストレスマネジメントの観点からは、一次評価の段階でストレッサーについて別の評価はできないか考えてみる（価値観や考え方を検討してみる）、また、二次評価に役立つように日頃からコーピングのレパートリーを広げておくことが推奨される。

5　マイクロカウンセリング

　本章の冒頭で、交通カウンセリングとは、交通心理学などに基づき、交通の領域においてカウンセリングを行うことであり、技法としては、個別面接、アセスメントの他にも、集団や組織に対する専門的な援助活動があることを述べた。交通カウンセリングにはさまざまな方法があることになるが、基本であり中心となるのは個別面接である。そこで、ここでは個別面接の技法について、アイビイ（1985）と福島・E.アイビイ・B.アイビイ（2004）に従って解説をする。

　マイクロカウンセリングでは、マイクロ技法（＝面接のときのコミュニケーション技法の単位）を階層表の下位のものからひとつひとつ習得していくことによって面接法を学ぶことができる。また、マイクロ技法は、理論的立場（行動療法、来談者中心療法、精神分析療法など）や用いられる場面（医療、ソーシャルワーク、教育、産業など）、用いられ方（心理療法、カウンセリング、医学的診断、教育、人事、仕事上の問題解決など）が異なっていても適用できるという特徴がある。

　マイクロカウンセリングに沿ったカウンセリングを行う場合にも、カウンセラーに一般的に求められる姿勢としてロジャースが挙げた3条件が求められる。また、カウンセリングには、関係を構築する段階、行動する段階、終結する段階の3段階のプロセスがある。関係を構築する段階では、問題解決に向けて相談者と面接者が共に行動していけるような「よい関係」を構築することを目指す。行動する段階では、問題を明確化し、目標を決め、相談者は行動に移す。終結の段階は、カウンセリングを終結する段階であり、問題が解決していることが理想である。マイクロカウンセリングの技法を用いたカウンセリングにお

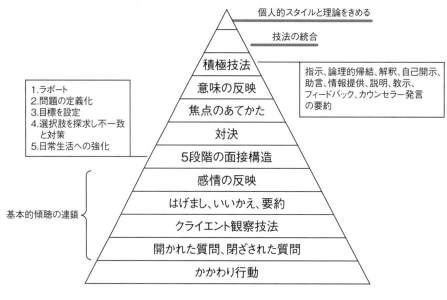

図7-4　マイクロ技法の階層表（福原ら、2004）

いても、このプロセスを辿る。

1　かかわり行動

　面接は、常にかかわり行動を基調にして進められる。面接者が、相談者と視線を合わせずに机上の書類ばかりをみていたり、腕組みをしたり、早口であったりすれば、相談者は自分の話をよく聴いてもらっているという気持ちが持てないであろう。また、面接者の方から話題を転換することが多いと、相談者は思っていることを十分に話せないという不満を持つことになる。よい面接を行うためには、面接中は常に以下の4点に留意しておかなければならない。
　・視線をあわせること
　・表情、身振り手振りに気を配ること（身体言語）
　・声の大きさ、調子に気を配ること（声の質）
　・話題をそらさないこと（言語的追跡）

2　開かれた質問・閉ざされた質問

　面接を進めるうえで中心的役割を果たすのが質問である。質問には、「開かれた質問」と「閉ざされた質問」の二通りがある。「開かれた質問」は、話し手が自由に返答できる質問であり、「閉ざされた質問」は、話し手が、「はい」「いいえ」など限定された回答しかできない質問である。
　　例　面接者　（開かれた質問）今日はどのようにいらっしゃったのですか。
　　　　　　　　（閉ざされた質問）今日は車でいらっしゃったのですか。
開かれた質問と閉ざされた質問には次のような特徴がある。
　・開かれた質問は全般的な情報を、閉ざされた質問は特定の情報を引き出す。
　・閉ざされた質問は、事実を強調する。相談者が言おうとしていることに興味をもっていないことを表したり、攻撃したり、閉じこめることにもなる。
　・よい面接では、面接が開かれた質問から始まり、事実を明らかにするために閉ざされた質問が用いられる。
　・最も開かれた質問は、「そのことについて、もう少し（もっと）話してくれませんか。」という質問であり、よい面接を構成する上で大変役立つ。
　・「なぜ」は、面接を停滞させる。人は誰でも「なぜ」と問われると明解な理由を探そうとする。しかし、実際には多くの要因が相互作用的に影響をしており、単純に理由を導き出せないことの方が多いので、「なぜ」と問われると躊躇することになる。「どのように」、「何を（が）」を使う方がよい。
　　　　　よくない例　　なぜ事故は起こったのですか。
　　　　　よい例　　　　事故が起こったことをどのように見ておられますか。
　　　　　　　　　　　　事故が起こったことについて何を感じておられますか。
　・導入のための質問（「どのようなことでいらっしゃいましたか。」など）、具体例を

引き出す質問（「具体的にお話いただけますか。」など）、経過を聞く質問（「それでどうなりましたか。」など）、感情を聞く質問（「どのように感じましたか。」など）の４つを中心に面接を進めることが推奨されている。

　開かれた質問を中心とした面接例と閉ざされた質問を中心にした面接例を比べてみると、開かれた質問が多い場合には、相談者は自由に自分の気持ちを話すことができるのに対して、閉ざされた質問が多い場合には、相談者の発言が封じられるような雰囲気になることが分かる。心理面接においては、相談者が自分を見つめ、自ら変わっていこうという意欲を喚起することが大切である。そのためには、開かれた質問を中心にした面接によって、相談者によく話を聞いてもらえたという満足感が生まれるようにしなければならない。

　開かれた質問を中心にした面接例
　　面接者1　事故のことについて話してくださいませんか。
　　相談者1　はい、離合ができない道路で正面衝突をしたんですよ。
　　面接者2　正面衝突ですね。もう少し具体的にお話しいただけますか。
　　相談者2　はい、ゆるい右カーブで見通しの悪い所なんですが、そこを走っていて対向車がいると思ったときにはもうブレーキが間に合わなくて衝突してしまいました。
　　面接者3　そうなんですね。相手の車はどうでしたか。
　　相談者3　相手の方は、止まっていたようです。
　　面接者4　止まっていたんですね。もう少し詳しく教えていただけませんか。
　　相談者4　離合ができない所ですので用心してカーブの前で一旦停止されたようです。
　　面接者5　そうすると、あなたが一方的に衝突したということでしょうか。
　　相談者5　はい、そうですね。
　　面接者6　あなたは何キロくらいで走っていたんですか。
　　相談者6　30キロくらいだと思います。
　　面接者7　このような事故が起こったことをどのように思っていますか。
　　相談者7　そうですね、20年くらい毎日のように通っているところで、これまで対向車に出会うことはほとんどなかったんで、まさか対向車がいるとは思いませんでした。油断ですよね。
　　面接者8　油断があったと思われたんですね。それで今回のことから何を考えられましたか。
　　相談者8　もう一度、油断や慢心がないか思い返してみました。隣に乗せている妻から、よく「あっ、自転車！」などと注意をされてヒヤリとすることがあるんですけど、それは、よく確認をしていなかったり、ちゃんと停止しなかったりしていたからなんですよね。そういうところを改めようと思います。
　　面接者9　今回の事故について、慣れによる油断が原因だと思い、自分の運転を見直されて、確認や停止を確実にやっていこうと思っておられるんですね。
　　相談者9　はい。
　　面接者10　それでは、これで終わります。ご苦労様でした。

相談者10　はい、ありがとうございました。

閉ざされた質問を中心にした面接例
　　面接者1　事故のことについて話してくださいませんか。
　　相談者1　はい、離合ができない道路で正面衝突をしたんですよ。
　　面接者2　正面衝突ですね。相手に気付いたのは何メートル前ですか。
　　相談者2　10メートルか、5メートルくらいかもしれません。そこは、ゆるい右カーブで見通しの悪い所なんで、（話を遮られる）
　　面接者3　それで、気付いた時のスピードは。
　　相談者3　30キロくらいだったと思います。
　　面接者4　相手の車は何キロくらいだったと思いますか。
　　相談者4　相手の方は、止まっていたようです。
　　面接者5　駐車していたんですね。
　　相談者5　いえ、そうではなくて、離合ができない所ですので用心してカーブの前で一旦停止されたようです。
　　面接者6　そうすると、あなたが一方的に衝突したということでしょうか。
　　相談者6　はい、そうですね。
　　面接者7　原因は何ですか。
　　相談者7　私が相手に気付くのが遅れたからでしょうか。
　　面接者8　それだけですか。
　　相談者8　あの道にしては、スピードも出過ぎていたと思います。
　　面接者9　そうでしょうね。これからは気を付けてくださいよ。
　　相談者9　はい、そうします。

3　クライエント観察技法

　文字通りクライエントを観察することである。視線や声の調子、表情などから発言との間の矛盾や緊張がないかに特に注意を払う。また、面接者の発言に対する反応を注意深く観察し、面接者自身がいかに影響を与えているかについて捉えておく。

4　はげまし

　「はげまし」は相談者の発言を促す働きをする。「はげまし」には、「そう」、「なるほど」、「そうなんですね」、「それで」、「もっと話してください」などの言葉を用いる方法と、相談者が発言したことの中の1～2語をくり返したり発言の一部をくり返したりする方法がある。
　　例1　相談者　来週の仕事のことを考えたら、すごく暗い気持ちになるんです。
　　　　面接者　そうなんですね。
　　例2　相談者　Aさんにすごく悪いことをしたなと思うんです。できたら謝りたいです。

　　　　　面接者　謝りたい。（くり返し）

5　いいかえ

　相談者が話したことのエッセンスを面接者が相談者に返す技法であり、「はげまし」は会話を促すのに対して、「いいかえ」は、相談者が話すことを面接者が聴いているということを示す効果がある。援助的面接のなかで、「いいかえ」はもっとも難しくもっとも重要な技法の一つと言われている。
　　例　相談者　最近、失敗が続いていて、仕事をぜんぜんやる気にならないんです。
　　　　面接者　これではいけないと思っているんですね。
　　　　　　　　投げやりになっているんですね。

6　要約

　相談者が話したことを要約する技法であり、次のような場面で役立つ。
　　・面接をまとめるとき
　　・込み入った話を明確化するとき
　　・話題の転換時の流れをスムーズにさせるとき
　　・2回目以降の面接で、面接を始めるとき
　　・何回かの面接を通じて、筋道を立てるとき
「要約」は「いいかえ」と似ているが、対象とする話の長さが異なる。「いいかえ」は短い話を対象とするのに対して、「要約」は、長い話や複数回の話を対象とする。
　　例　　面接者　今回の事故には、仕事上の悩みが関係しているようですね。
　　　　　相談者　はい。私は、前の期の営業成績がものすごく悪かったんです。それで、今度は絶対頑張ろうと思っていたんです。それで、1か月ぐらいはかなり本気で取り組んで売り上げもよかったんですけど、仕事ばかりしていると段々嫌になってきて、つい仕事中もさぼってパチンコに行ったりしてあまり仕事に力が入らなくなってしまいました。1週間ぐらい前になってすごく後悔したんですけど、どうにもならなくて……ちょっと投げやりになっていました。そんなことが影響しているかもしれません。
　　　　　面接者　最近、営業成績が悪いので頑張ろうと思っていたけど、その気持ちが長続きせず、さぼりがちになってしまい、それで、後悔しているけどどうにもならず、投げやりになっていた、それが影響したのではないかと思っておられる。こういうことですね。

7　感情の反映

　相談者の感情に注目し、それを相談者に返す技法である。「感情の反映」は、面接者の

共感性を高める上で最も重要な技法と言われている。実際には、「……と感じているんですね。」「あなたは、……と感じているように思われます。」「私には、……と感じているに聞こえます。」「あなたは、……のとき……と感じるようですね。」といった言葉を遣う。

例1　相談者　新入社員研修で一生懸命教えているんですけど、新入社員たちは本気になってくれなくて、なかなか研修が進まないんですよ。
　　　面接者　あなたは、苛立ちを感じておられるように思われます。
例2　相談者　先日、10年間無事故で表彰されたんですよ。
　　　面接者　安堵しておられるように聞こえます。

8　対決

相談者の行動、思考、感情、意味などの間に存在する不一致、矛盾、葛藤を指摘することである。次の例では、評価されないという不満の感情と評価されるような行動はしていないという、感情と行動の間の不一致を指摘している。

例　相談者　会社であまり評価されていないのが不満ですね。
　　面接者　何か一生懸命取り組んでおられることがありますか。
　　相談者　いや、今の会社の仕事では、本気でやったからといって何か成果がでるようなものはないですよ。
　　面接者　評価を求めていますが、それに応じる努力はしていませんね。

9　焦点のあてかた

焦点のあてかた技法は、相談者が問題に関する多くの事実に気づくように促し、その思考をまとめることを助ける。また、焦点のあてかたによって相談者の話の流れが方向付けられる。

マイクロカウンセリングでは、焦点の対象になるものは、「主題」「相談者」「家族」「他者」「相談者と面接者の二者」「面接者」「文化的・環境的脈絡」の7種類がある。次の例で、相談者の発言に対して、7種類の焦点のあてかたをすると面接者1から面接者7のような応答が考えられる。

例　面接者　今回の事故について話していただけませんか。
　　相談者　私に問題があったから、事故が起こったとは思います。しかし、無理な仕事の配分をする会社にも問題があると思います。それに、課長ともうまくいっていませんでした。それに、世の中全体も、利益ばかり追求して本当に安全のことを考えている人なんていないじゃないですか。ところで、いつまでここで話をしなければならないのですか。
　　面接者1　事故の背景には、いくつかの問題があったと思っておられるようですね。（主題）
　　面接者2　自分にも問題があったと思っているんですね。（相談者）
　　面接者3　今回のことをご家族はどのように思っておられますか。（家族）

面接者4　会社の仕事の配分について話してくださいませんか。または、課長とのことをもっと話してくださいませんか。(他者)
面接者5　今、私と話していてどんなことを感じられていますか。(二者)
面接者6　私もあなたと同じような経験をしたことがあります。(面接者)
面接者7　世の中全体が、安全を軽視していると思っておられるんですね。(文化的・環境的脈絡)

　人がかかえる問題には多くの側面があるが、人はその問題を捉えるときになるべく簡素化しようとするのが自然な成り行きである。しかし、問題を簡素化しすぎると問題の解決から遠ざかることになる。そこで、焦点のあてかた技法によって、相談者が問題に関連する多くの事実に気づくようにうながすことは重要である。

10　積極技法

　積極技法の概略を示したのが表7-2である。アイビイ(1985)は、かかわり行動と基本的な傾聴の連鎖(開かれた質問、閉ざされた質問、クライエント観察技法、はげまし、いいかえ、要約、感情の反映)だけを用いて完全な面接ができるとしている。また、次のようにも指摘しており、まずは積極技法を用いない面接に習熟することが大切だといえよう。

　　多くの成功した面接者は、面接を「開かれた質問」から始め、診断と明確化のために「閉ざされた質問」を続ける。「いいかえ」は、クライエントの主張内容を調べ、「感情の反映」(通常、初期の段階では短い)は、鍵となる情動を調べる。これらの技法に続くのは「要約」である。「はげまし」は、面接を通じてそれを豊かにし、詳細を明らかにするのに役立つ。(アイビイ、1985)

表7-2　積極技法の概略

指示	面接者が相談者にどんな行動をとってほしいかを明確に指示すること
論理的帰結	相談者の行動によって起こりうる結果を良否にかかわらず伝えること
自己開示	面接者の考えや感じを相談者に伝えること
フィードバック	面接者あるいは第三者が相談者をどうみているかということを伝えること
解釈	状況に対する新しい観点を相談者に与えること
積極的要約	面接者が言ったことや考えたことを要約して相談者に伝えること
情報・助言・教示・意見・示唆	相談者に面接者の考えや情報を伝えること

6 マイクロ技法を用いた面接例

　次は基本的傾聴の連鎖だけを用いた面接の例である。開かれた質問を中心にして、事実の確認のために閉ざされた質問を用いている。このような面接を行うと相談者の方の発言量が多くなる。したがって、相談者が考えていることが多く表現されることになり、相談者と面接者の両方の理解が進むことになり、問題の解決に近づくことになる。

　A1　こんにちは。Bさんですね。私は、面接を担当しますAです。今日は、Bさんが先日起こされた事故のことについてお伺いします。
　B1　はい、よろしくお願いします。
　A2　Bさんの前方不注意で前車に追突したということですが、もう少し詳しく教えてくれませんか。
　B2　はい、私が追突をしたのは間違いないのですが、商店街で、駐車車両が多かったり対向車とのすれ違いが難しかったりする所なので、30kmくらいで走っていたのですが、左をすり抜けようとするバイクがいて、一瞬そちらに気を取られました。次の瞬間にはもう前の車が停車していて、追突してしまいました。
　A3　そうだったのですね。そうすると、前方不注意ということになっているけど、注意はしていたと思っているのですね。
　B3　そうそう、そうなのですよ。
　A4　それは、すごく残念というお気持ちでしょうね。
　B4　残念というよりは、がっかり、がっくりでしょうか。
　A5　そうなのですね。こうなったのは、やはり何か原因があったと思うのですが、Bさんはどのように感じていますか。
　B5　そうですねー、やはり急いでいたことでしょうか。
　A6　ほー、急いでいた。そのことをもう少し詳しく教えてくれませんか。
　B6　あの日は、朝、給油をしたのですけど、予想以上に時間がかかり、予定の時刻に遅れそうでした。それで、焦りがあって車間距離が短かったように思います。
　A7　なるほど。朝の給油で予想以上に時間がかかったことについてもう少し教えてくれませんか。
　B7　実は、これまで、朝、給油することはなかったので、給油する車が多いことを知らなかったのです。
　A8　そうなのですね。では、朝、給油することになったことについてもう少し教えてくれませんか。
　B8　はい、いつもは仕事の最後に給油をしておくのですが、そう決められているので。でも、あの日の前日は見たいテレビ番組があって早く帰りたいと思っていました。それで、つい手を抜いてしまって……。
　A9　見たいテレビ番組とは？
　B9　ええ、サッカーの○○対○○です。

A10　録画はできないのですか。
B10　デッキはありますけど、録画をセットするのが面倒で……。
A11　何でも面倒くさがる方なのですか。
B11　そうですねー、そうかも知れません。
A12　話は戻るのですが、手を抜いたことを今はどう感じていますか。
B12　決められていることを守ることは大切だなと思いました。基本が大事ですね。幸い、相手の人にもたいしたことがなかったし、配送先からも「これから気をつけて」と言われた程度で済みましたけど、周りの人にいろいろと迷惑もかけたので、これからは絶対に事故を起こさないようにしようと思いました。
A13　手順通りに動いて、余裕を持って運転しようと思っているのですね。
B13　はい、そうです。それに、車間距離ももっと取らないといけないなと思いました。
A14　今日は事故のことについてお聞きしましたが、一瞬、前方への注意が疎かになって追突をしたけれども、その背景には、焦る気持ちがあって車間距離が短くなっていた、焦ったのは手順を守らず、朝、給油をしたために出遅れてしまったためであると考えておられること、今回のことをきっかけに基本を大切にして絶対に事故がないようにしていきたいと考えておれることが分かりました。そういうことでよいでしょうか。
B14　はい。
A15　それでは、ご苦労様でした。
B15　はい、いろいろ聞いていただいてありがとうございました。

文　献

アレン・E・アイビイ（1985）．福原真知子・椙山喜代子・国分久子・楡木満生（訳編）マイクロカウンセリング　川島書店．
福原真知子・E．アイビイ・B．アイビイ（2004）．マイクロカウンセリングの理論と実践　風間書房．
國分康孝（1992）．構成的グループ・エンカウンター　誠信書房．
高橋美保（2013）．藤永保監修　最新心理学事典　平凡社．
山本和郎（1986）．コミュニティ心理学　東京大学出版会．

第8章 コーチング

1　これまでの安全教育の課題

　運転者の安全教育方法は今のままでよいのだろうか。従来の運転者教育はひと言でいうと教え込み（ティーチング）が主流であった。何も知らない初心者には教え込んで理解させ、繰り返し練習させて体で覚えてもらうということが、その主たる教育の内容であった。それはそれで安全運転者の育成に大きな貢献をなしてきたことは確かである。日本の交通事故による死者率は諸外国と比較しても上位にある（図8-1　OECD 2015）。その背景にある安全対策として、3つのE（Engineering（工学）：車両や道路の改善、Enforcement（強制）：取締りや管理、Environment（環境）：社会や企業の安全文化・風土育成）が挙げられるが、それに加えて4番目のEとしてのドライバー教育（Education）の役割は大きい。しかし、ドライバー教育は最も難しい。車や道路の工学的改善に比べて、ドライバー教育にはさらに工夫を加える余地がある。

　これまでの交通安全教育の問題点について、新井邦二郎氏は安全教育の体系化の観点から次のように述べている。「最大の問題は、個々の交通安全教育の位置づけができず、ある個人がそれまで受けてきた交通安全教育を明示することができない」（新井邦二郎 2001）。個人個人がこれまでにどのような交通安全教育を受けてきて、どの程度の知識や意識を持っているかに関係なく、パターン化された交通安全教室を開いて集団による教育を行うことが一般的である。新井氏は「同じような交通安全教育が何度も重複して行われ、効果をあげるどころか教育対象者から静かな反発を受けたりするケースが生じている」と指摘する。対象者別、個別に対応した教育が必要であり、知識や技能を与える教育から自らが学習するための参加型の教育が確立されなければならない。

　この参加型教育とは具体的にどのような教育であろうか。ヒントはＥＵで完成されたHERMESプロジェクトにある。

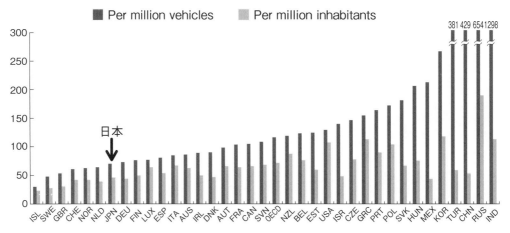

図8-1　交通事故による死亡率の国際比較（OECD DATA（2015））

第8章　コーチング

2　HERMESプロジェクト

　2007年3月にヨーロッパにおいてHERMESと名付けられたプロジェクトがスタートした。HERMESとはHigh impact approach for Enhancing Road safety through More Effective communication Skillsの頭文字を表している。その目的はコーチングの考え方と技法を用いたドライバー教育指導者養成のための教育プログラム開発にあった。このプロジェクトにはイギリス、ドイツ、スエーデン、フィンランドなどヨーロッパ11か国の代表的な大学研究者や実務家20名のメンバーが参加し、3年後の2010年2月に終了した。

　この研究プロジェクト立ち上げの背景について、プロジェクト報告書である"HERMES final report"（2010）には次のような主旨の記述が見られる。「これまで"五つ星"の車づくりや"五つ星"の道路づくりが行われてきた。そして、その目的はかなりの程度完成しつつある。しかし、それに匹敵するような"五つ星ドライバーづくり"がおこなわれてきただろうか？」

　確かに、高度道路交通システム（ITS：Intelligent Transport System）においてセンサーを駆使した自動制御による先進安全自動車（ASV：Advanced Safety Vehicles）の開発が進み、それと呼応する形で車と道路のコミュニケーションシステムである走行支援道路システム（AHS：Advanced Cruse-Assist Highway systems）といった工学的な対策が進んでいる。一方、安全なドライバーづくりにどんな進展があっただろうか？

　車を使う側のドライバーの技能を高めるために、自動車教習所をはじめ、企業や官公庁の努力は認めるところである。取締り等による警察の努力も事故軽減に大きく寄与していることも認めるところである。しかし、工学的な対策に比べると人的事故要因への対策、つまりソフト面の対策がやや見劣りがする。人づくりがいかに難しいかを認めたうえでもやはりそう感じてしまう理由は何であろうか？

　そこには、安全ドライバーづくり（あるいは一般に道路参加者としての人づくり）のための理論的なバックボーンの弱さがあったように思われる。人的事故要因の分析は昔から様々な研究者や実務家によって探究されて、その分析結果に基づいて対策が行われてきた。危険予測力の教育や、ヒューマンエラー発生の際のフールプルーフ対策・フェイルセイフ対策などは工学分野と心理学のコラボレーションといってよい。しかし、それ以上に根本的な問題がある。それは、教育目標と教育方法の問題である。どのようなドライバーづくりを目指しているのか？誤りを起こさないロボットのような精密なドライバーを目指すのか？あるいは、はじめは不十分であっても次第に自分自身の安全を高めていくような自立型のドライバーづくりを目指すのかといった、教育の本質にかかわることである。

3　運転行動と「うまい運転像」

　プロジェクトメンバーの一人であったイアン・エドワーズは著書（2010）"Can Drivers

Really Teach Themselves?"（邦訳 「ドライバーのための自分づくり教育　－コーチングのすすめ－」太田監修　望月、加戸訳　2014）のなかで次のように述べている。「（教習所の）生徒は一旦試験に合格すると、学習したことの多くを忘れ、指導員が決して指導していない方法で運転しているという現実がある」と,,,。教習所指導員の嘆きが聞こえそうな事実である。一時停止や車間距離、速度と安全など教習所では十分に教えているはずであるが、生徒たちの多くは運転免許試験に合格し、自由に運転し始めた途端に、あるいは１年もしないうちに、指導員の教えとは異なった危険運転者へと変身してしまうのである。この現実が起こるのはなぜだろうか？

　この疑問に答えるためには、「車を運転するということがそもそもどのような課題なのか？」という疑問や「ひとの運転ぶりの違いは何から生まれるのか？」といった疑問への答えを見出すことから糸口がつかめるであろう。運転者ごとの運転ぶりの違いは、運転技能や危険予測力の程度の違いからだけ生まれるのではない。運転者のパーソナリティや運転目的や運転の動機づけ、そしてどんな感情を持っているかなど、運転者の持つ恒常的な、そして一時的なあり方・状況も含めた人の表現行動の一つとして、運転行動を捉えることができる（Keskinen et. al. 2004）。イアン・エドワーズは著書の中で、これに加えて自分の持つ「うまい運転像」が大きな影響を持つと述べている。運転者はしばしば自分の持つ「うまい運転像」に合わせて運転をする。ではその「うまい運転像」はどこで作られるのだろうか？それは映画だったりテレビだったり、または親の運転ぶりを観察することによって作られるのかもしれない。問題なのはその「うまい運転像」が多くの場合は安全とはかけ離れていることである。

　さて、そのような安全とは必ずしも一致していない「うまい運転像」は簡単には壊しがたいくらい強固なイメージであるため、教習所で指導員が教える「うまい運転像」と食い違っても変化することは期待しにくいのである。指導員の言うことに従わなければ免許は取れないので、自分の本当の姿を押し隠しても指導員に合わせながら運転技能を学習していく。免許が取れるまでは言われるままに従うのである。その結果「生徒は一旦試験に合格すると、学習したことの多くを忘れ、指導員が決して指導していない方法で運転しているという現実」（Edwards, I. 2010）が生まれ出てくると考える。さらに加えれば、私は環境の問題も指摘したい。環境とは社会的風潮も含めた実際の運転場面である。法定速度で走行する車が少ない状況において自分だけが法定速度で走行することが困難な状況である。車の流れに合わせなければ、他の車とのコンフリクト（葛藤）発生の危険もある。そういった現実の交通社会に含まれている教習所での教えとのギャップがある。

　さて、運転者自身の持つ「うまい運転者像」との矛盾や教習所での教えと現実の交通場面との矛盾に困惑する運転者を安全運転者へと成長させるためにはどのような方法があるだろうか？

4　"五つ星ドライバー"

　まずは、目指すべき"五つ星ドライバー"とはどんな運転者なのかを明確化しなければ

第8章　コーチング

ならない。

　一般的に考えれば、教える側は教えられる側に比べて上位に位置するであろう。建て前はそうでなくても、教習所では指導員は生徒の上にあることは事実である。指導員は生徒よりも知識、技能を豊富に持っており、教えることができる立場だからであり、普通にみられる生徒と教師の関係である。師弟の関係といえば聞こえが良いが、しかし、そこに落とし穴がある。よい生徒とは素直に先生の言うことを聞き、早く知識や技能を学習する生徒である。しかし、そのような生徒の心の中に誤った理想像（「うまい運転者像」）がすでにあったとしたらどうだろうか。彼（彼女）が素直な態度を見せ、覚えが早ければ免許を得るのにそんなに時間はかからない。さて、免許取得後の彼（彼女）の姿はどうかと言えば、学習した技能や知識を利用して自分の思う「うまい運転像」にしたがって公道を行き来するであろう。たとえそれが危険な運転であっても……。

　教習所では、道路交通法、運転技能、道路特性や車両特性など教えなければならないことはたくさんある。だから、時間の余裕はない。多くの場合、先生が生徒に教え込む方式（ティーチング）が効率的と思われてきた。そして、教え込むことで安全な運転者が作り上げられるとも考えてきた。限られた時間内に安全な運転者を作るために「ああしなさい、こうしなさい。できなければ、私のやるとおりやってみなさい」といった方式で何とか運転ができて、道路交通法を理解させて公道を走れる運転者を作り上げてきた。何もできなかった生徒にとって、知らなければならない知識や技能は大変多いのである。そのような生徒には教え込み方式は極めて有効である。

　しかし、すべてのことを教えることは限られた時間内では不可能なことも明らかである。そこで考えついたのが"生徒自身を生徒の教師にして"（Edwards、I　2010）教習所を卒業した後でも学習し続ける能力を着けるという発想である。この考えは教育の基本と言ってよい。基本的な知識や技能を教えた後の運転者としての成長は運転者自身の力に任せるという考え方は大切な考え方である。そのために教習所はどのような教育を新たに導入すべきであろうか？

　ケスキネンの発想による運転行動階層モデルが参考になる。我々の運転ぶりに影響を及ぼす要因は、運転技能や法律、車両特性の知識の高さのみではない。状況理解のための危険予測力の程度、安全のためのルート選択力や運転時間予測力（運行計画力）、他の車両によるストレスへの対処能力、そして、運転者の感情コントロール能力や性格傾向が挙げられる。ローテンガッターも運転者の運転技能の高さだけでなく、運転への動機づけといった心理的な要因がその運転者を理解するうえで必要であることを指摘している。

　「五つ星ドライバー」をケスキネンの階層モデルで考えると、運転技能や法律の理解をしっかりとしたうえで（レベル1）、道路状況の把握力（レベル2）、安全な運行計画力や他の車両や交通参加者からのプレッシャーへの対処能力（レベル3）、危険敢行性や感情コントロール力（レベル4）が備わった運転者のことである。しかし、これではもう一つ星の数が足りない。それは「自己評価技能」である。先の4つのレベル各々について、自分の長所短所をきちんと理解する力を持ちうることが「五つ星ドライバー」ということになる（図8-2）。

　教習所で訓練しなければならない事柄はこの「自己評価技能」をつけることに他ならな

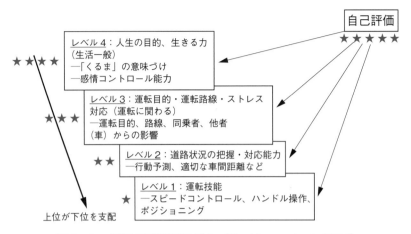

図 8-2　運転行動階層モデル（Keskinen et. al. 2004）

い。自分の長所や短所を理解できる技能こそが自分を自分の教師にできる運転者を作り出す基礎となるのである。安全運転にとって自分に何が足りないかを理解することは自分を安全運転者として形成していくうえで最も大切なことである。自己理解を行い、運転時の安全について自身の運転ぶりをモニターし、自分の運転の危険性に気づくことから、運転行動の修正を行っていく一連の心の活動のことを認知心理学ではメタ認知という。教習所での重要な教育目標の一つとして、このメタ認知技能訓練を目指す必要がある

5　コーチング

　それでは、どのような方法でこの「五つ星ドライバー」を作ることができるのだろうか？レベル1（運転技能や道交法の知識、車両や道路特性）やレベル2（危険予測力）はティーチングがよい。しかし、レベル3（運転中の他者からのプレッシャーへの対処力、運行計画力）、レベル4（危険敢行傾向、感情コントロール力）についてはティーチングでは困難である。イライラしやすい自分の特徴についてはすでに運転者自身がわかっているのであり、他人から指摘されても却ってイライラを生み出すだけである。運転者自身にその解答があり、教師には一般的な解答はわかってもそれが適用できるか否かはわからない。ティーチングでは運転者の根幹を変えることは困難であり、運転者自身が自分自身を変えるしかないゆえんである。この支援に使われるのがコーチングである。
　コーチングの考え方のポイントは、学習者側の資質を利用する点にある。感情をコントロールする方法は個人によって異なる。感情の強さも個人によって異なる。割り込みされて強く反応する人もいれば、危ないとは思ってもそんなにイラつかないで済む人もいる。また、そのイラつきを収めるために自分なりの方法を持っていることもある。コーチングの基本は、一般論で「こういう時にはこうしたらいい」というのではなく、生徒（一般に

図8-3 ティーチングとコーチングの違い

は学習者）の持っている内在している資質に働きかけて、自分に合った答えに気づかせる点にある。ここが教え込み（ティーチング）と異なるところである。ティーチングとコーチングの違いをイメージとして描けば図8-3のようになる。ティーチングでは、指示や助言によって相手に答えを与えることが主眼であるのに対して、コーチングは、相手から答えを引き出し、自己決定や自己解決をサポートするのである。

コーチングが目指す学習者の資質を引き出すためには教師と生徒の関係が大切である。指導員と生徒の関係が上下関係にあることは学習にとってマイナスとなる。なぜならば、生徒が指導員との間に上下関係を感じることは、余計な緊張感や不安感を持つことにつながり、学習の阻害条件になるからである。指導員から常に判断・評価される立場を意識することも学習阻害条件の一つである。判定（ジャッジ）しない関係は生徒を自由にする。自由な気持ちは自分で学ぶ余裕と生み出すだけでなく、学習への責任感も生み出すことができるのである。コーチングでは、この対等な関係を重視しながら、生徒自身に自分の姿を振り返り、長所短所についての気づきをもたらすための支援が行われる。

6　良いコーチとは？

コーチングの教育目標が「生徒自身を生徒の教師にする」ことで安全運転者としての自己形成の力を身に着けることであると述べた。この目標は教育の目標そのものである。いわば人間形成の理想的あり方であり、一見遠い目標かのように思われる。目標は、手の届かないところにあるときに、しばしば目標放棄にもつながりかねない。しかし、目標をもっと近いものに変えたらどうだろう。「生徒自身を生徒の教師にする」という目標は、換言すれば「運転者としての自分自身の長所と短所を理解する技能」をつけることと言ってもよい。一言でいえば、自己評価技能の育成である。自分の不安全運転度を客観的に理解することから、安全のために達成すべき目標が見出される。ひとは自分の課題を具体的に知ることで修正したり補完したりしようと考えるのである。しかし、ここにもひとの陥りやすい課題はある。

自己を評価するとは、自分の欠点をも直視することである。これには心理的な抵抗が伴う。では、自己評価技能を高めるために、コーチングでどんな支援が可能だろうか。そのような心理的抵抗をなくし、安心して自分を考えることができるためにはどんな指導員であったらいいのだろうか。

あなたはご自分の人生を振り返ってみて、「よい先生」とはどんな方だったかを思い出すことができるだろうか。
　その方は、先輩だったり、友達かもしれない。あるいはご両親かもしれない。その方は、自分にどんなことをしてくれただろうか。多分、次のような特徴を共通に持っているのではないだろうか。
- いつでも自分の相手をしてくれた（自分のために時間を割いてくれた）
- 私の成功を信じてくれた
- 年上でも自分と同等に見てくれた
- よく話を聞いてくれた
- いらいらする様子を見せなかった
- いつも楽しかった
- 判断者にならなかった
- いつも正直だった

　このような姿に対して、以下のような教師の姿は、いずれも私たちに不安をもたらし、身構えさせる。
- 「評価したがる」－この人間関係は対等な関係ではない。判断者に対しては、自分は良い子でなければならない。悪い自分をさらけ出すことはできない。教師が上にあって、自分は下にあると感じるとき、私たちは自由にものが言えない。
- 「自分の知識の広さを示したがる」－自慢する姿である。「私はあなた方より上にある」と言いたいのだろう。これも教師と生徒の間に上下関係を作ることになる。
- 「意見を考える」－一緒に問題を考える代わりに答えを与えたい姿である。時には、解決することに教師自身がのめり込む姿でもある。「あなたには解決する力がないのだから、助けてあげなければならない」と思うのは、教師が上で生徒が下の関係を意識する姿である。
- 「しゃべっていないと不安になる」－これはしばしば教師の自信の無さを示す。生徒の反応に応じながら臨機応変に対応を行う自信が無いとき、教師はしばしば一方的に話そうとするものだ。あるいは、これも教師は生徒の上になければならないという不平等感からきていることも多い。しゃべらなければ仕事をしていないという思い違いからきている場合もある。

　「あなたの運転は不安全だ」、「一時停止をしていない」、「車間距離が狭すぎる」、「もっと速度を落とすべきだ」と評価するのは「判断者」の姿である。生徒たちは教師の感情に敏感であり、イライラしているトレーナーを感じれば、自分の覚えが悪いからだという不安にも駆られるだろう。不安に駆られれば、覚えられることも覚えられなくなる。
　冷静に自分を評価するためには、心に余裕がなければならない。良いコーチとは、教えられる側と同じ目線に立ち、判断者や評価者ではなく、生徒の話をよく聴いてくれるし、言葉が詰まったら励ましてくれるし、自分の考えが十分に述べられるような適切な質問をしてくれる、そういう姿で生徒の気持ちを引き出すことにある。

7 コーチング技法

　自分自身の行動を振り返り、気づきをもたらすためにコーチングで用いるのはリスニングである。リスニングはコミュニケーションの基本となる。コミュニケーションには二つの側面がある。一つは、自分の考えを相手に伝達することであり、そのために私たちは学校教育で文章の作り方や話し方をたくさんの時間を費やして学習してきた。コミュニケーションのもう一つの側面は相手の考えを聴き、理解することである。私たちはコミュニケーションにおける聴く技能については、自分を表現する技能に比べて十分訓練を受けてこなかったのではなかろうか。自分の考えを相手に伝えることと、相手の考えを聴き、理解することは社会生活において同等に重要なのに、ついつい自己主張の技能に長けてしまっていないだろうか。ティーチングで必要なのは相手に自分の考えを伝える技能である。そこには相手に自分の考えをわかってほしいという欲求がある。しかし、その時に相手をわかろうとする姿がしばしばおろそかになっていることがある。指導員の多くはティーチング技能には長けているが、それは短い時間に効率よく知識、技能を伝達しなければならないという現実から培われた技能なのである。しかし、そこには相手を理解するためのリスニング技能を培う余裕が見当たらない。

　学習者が自分自身を教師にし、教習所を卒業した後も安全運転者としての自己成長を可能にするための自己評価技能教育では、生徒の考えを引き出すためのリスニング技能が必須なのである。

　次に自己評価技能教育において必要な、このリスニングの基本を考えてみたい。まず相手が話しやすい雰囲気づくりが大切である。聴き手が腕組みしたり、足を組んだり、ふんぞり返っていては、話し手は話す気持ちが無くなってしまうし、自分の話に少しもうなずいてくれなければ、「私に興味はないんだね」と思い、話す気力が失せてしまう。人は話すことによって（外在化という）自分の考えがまとまったり、気づかなかった自分に改めて気づかされたりという不思議が起こってくるものだ。「ああ、自分の本当に言いたかったことは、これだったんだ」という気づきは、よく聴いてくれている相手がいることによって実現することも多い。それがリスニングの効用である。

　相手のことを引き出すには「なるほど、なるほど」とうなずきながら聴いていることでも可能なことが多いが、もっと積極的な聴き方も必要である。相手の気づきを促すためにアクティブ・リスニングがある。「何時起こったの？」「どうしてそうなったんだと思う？」「もう少し詳しく説明して」といった質問（オープンクエスチョン）は相手のことをもっと深く知ることを可能にするし、相手自身が気づかなかったことへの洞察につながる場合もある。何よりもそのような質問は話し手に自分のことに興味を持ってくれているという信頼感をもたらす。

　ティーチングに比べて、コーチングは時間がかかると言われる。しかし、そうとも言えないことが多い。ティーチングにおいては、答えを伝達して満足するのは指導員だけで生徒はわかっていなかったということも多いので結局はなんども教えなければならず時間が

かかってしまう。
　リスニング技法には、うなずき、表情、姿勢などの非言語的コミュニケーション技法のほか、ペーシングといって相手の話す速度、声の大きさ、リズムなどにできるだけ合わせながら話を聴くことも大切な技法として含まれる。バックトラッキングという相手の話のキーワードを捉えてオーム返しのように言葉やフレーズを繰り返す方法やパラフレーズといって相手の話の要約をし、確認しながら聴くといった方法も必要だ。いずれの方法も良いコミュニケーションには必ず含まれる内容であり、このようなリスニングを通して、互いの信頼感や安心感、そして対等の意識が生まれてくるのである。

8　コーチングによる教育の実例

　ここで、コーチング技法を使った教育の実際をシミュレートしてみよう。例えば、左折時の運転について、実走行後に運転者自身による「振り返り」と「気づき」の作業について順を追ってみよう（写真1、図8-4）。
　図8-4の流れ図を以下に説明する。
① 対等の関係にあることのメッセージ：コーチングにあたり「一緒に考えましょう」とか「評価・判断をしない」といった言葉がけにより指導員と生徒が「目上・目下」の関係にあるのではなく、対等の関係で一緒に勉強して行こうとのメッセージを送る。
② 課題の明確化：左折の仕方の安全運転について、運転者（生徒）自身が振り返り、長所短所に気づいてもらうことがこれから行う課題であることを確認する。
③ 左折時の安全運転のおさらい：実走行の前に交差点を左折する際の危険源と対処のための運転方法について生徒自身に述べてもらう。この時、オープンクエスチョン、ペーシング、パラフレーズ、バックトラッキングなどアクティブ・リスニング技法を用いて、生徒の考えをより具体的に、より深くしていく支援をする。
④ 実走行：実際に運転し、可能であれば安全な場所に停車して振り返り作業を始める。適当な停車場所が無ければ、教習所に戻ってからだとか、運転者の様子を見て運転しながらでもよい。
⑤ スケーリングクエスチョンの利用：スケーリングクエスチョンは自分の運転ぶりについての自己評価を求める際によく使用される。たとえば、「今の運転ぶりを評価するとしたら100点満点で何点くらいになりますか？」といった聴き方である。この質問によって、自分の行った運転を振り返ってもらうきっかけとする。この質問に対して例えば「80点」と答えたとすれば、「100点にするためには何をすればよかったですか？」といったオープンクエスチョンによる問いかけをする。もしも、明らかに左後方確認が行われていなかったことを指導員が気づいた場合で、生徒が「100点」と答えた場合には、その答え自体が生徒からの貴重な情報と受け止めなければならない。「この生徒さんは自分の確認行動について十分評価できないのかもしれない」と考えて、「100点と答えましたが、左折するときの左後方についての確認はどうでしたか？」とダイレクトに尋ねることも可能であろう。このようなコミュニケーションを通して、生徒自身が自分の運

第8章　コーチング

写真8-1　コーチングによる「振り返り」と「気づき」ワークのデモンストレーション風景（2014年交通心理学会青森大会にて）

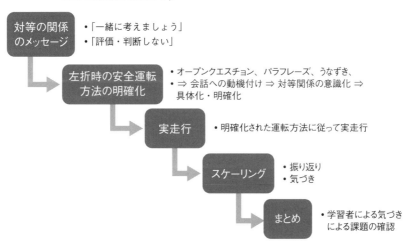

図8-4　左折時の運転についての「振り返り」と「気づき」のワーク流れ図

転ぶりを振り返り、自分の足りなかった点と十分だった点に気づくよう支援するのである。

⑥　まとめ：自分の運転ぶりについての振り返りが十分できたならば、生徒自身に自分の目標を立ててもらい終了である。例えば、「左折時では忘れがちな左後方確認に注意して運転したい」といった意思表明である。

9　ミラーリング法

　上に述べた例は、実走行を介してのコーチングであったが、必ずしも実走行を行わなくても「振り返り」と「気づき」作業は可能である。他者の運転ぶりを観察しながら自分の運転ぶりを振り返るミラーリング法がある。ミラーリング法とはそもそもフィンランドで開発された教育方法（Koivist & Mikkonen1997）であり、その言葉が示す通り人の姿に自分の姿を映しだして自分の姿を考える方法である。これを太田が日本に持ち帰り、モディファイして日本版として作り替えた（太田　2001）。

写真8-2　青森市での一時停止・確認キャンペーンで教材として使用された一時停止交差点

　具体的にコーチングを使った安全教育プログラムをご紹介しよう。以下の内容は、2001年に青森市で行われた「一時停止・確認」をテーマにした教育[9]である。青森市の水道部の方々にお願いして教育に参加してもらった。1回の教育で、20名程度の職員に集まっていただき何回か繰り返した。
　はじめに、近くの信号機のない交差点（写真8-2）での一時停止や確認を、日頃どの程度きちんとしているかについて、参加者自身に100点満点で何点ぐらいかを評価してもらった。その後で、あらかじめ撮影したビデオをみてもらう。ビデオには一般車両の他に水道部の車両も映っていた。特に悪い例を示したわけではなく、撮影した一部の映像を見せたのだが、多くは、見通しが悪いにもかかわらず一時停止をせずに通過していた。その映像を見せると、参加者の様子は一変したのであった。「あれは誰の車だろう？」などとドライバーを特定しようとする様子も見られた。教材は自分に関わりがあるものであるほど興味がわくものである。そして、なぜこんな危険な行動をするのだろうかとの疑問が自ら湧いてきたようであった。一時不停止の理由やその危険性についてディスカッションしていただいた後に、もう一度、最初に行った自己評価をしてもらった。
　教育前の自己評価では100点満点で参加者の平均点は74点であったが、教育後は65点まで下がった。これは自己評価の甘さの反省であり、自分の本当の姿に気づいた結果とも言えるだろう。その後、再び交差点でビデオ撮りしてその通過時間を測定したところ、キャンペーン対象になった水道部職員の乗った車両は明らかに安全の方向に変化したのであった。比較するために、水道部にやってきた一般車両をコントロール群と見なして通過速度を測ったところ、明らかな違いが認められた。
　この教育においては、一時停止をしなさいとか、確認をきちんとしようといった呼びかけは一切しないようにした。「見通しの悪い、こんな危険な交差点で、こんな危険な運転をしているのですね」。参加者は一様にその実態に驚いていた。そして、自分の運転をもう一度振り返ってみたようである。自らの気づきを促すことが、教育の原点である。教育は、与えることではなく、すでに持っている答えに気づいてもらうよう援助することでもある。
　終わりに、再度強調すべきことは、コーチングの目標が「自分が自分の教師になる」ことを目指して行われる教育であることである。生徒が自立していくための能力をつけるこ

とを最大のテーマにしている。もっとわかりやすく言えば、自分のどこが良くてどこが問題かをしっかりと自己評価できる力をつけることを目標とした教育である。従来の運転者教育も求めるところは共通すると言ってよいが、コーチングはそれを目標として前面に押し出したところに最大の特徴がある。

文　献

新井邦二郎（2001）．交通安全教育の効果　国際交通安全学会誌　Vol.27, No.1, 64-61.

Edwards, I. (2011). "Can Drivers Really Teach Themselves?" eDriving Solutions.（邦訳　「ドライバーのための自分づくり教育－コーチングのすすめ－」2014　太田博雄監修　望月，加戸訳　企業開発センター出版）．

European Commission DG TREN (2010) EU HERMES Final Report
　　<http://www.alles-fuehrerschein.at/HERMES/>[2010/3/10].

Keskinen, E., Hatakka, M., Laapotti, S., Katila, A., Peraaho, M. (2004). "Driver behaviour as a hierarchical system" Rothengatter, T., Huguenin,R. (Eds.), Traffic & Transport Psychology. Theory and Application, Elsevier, Amsterdam, (2004). 9-29.

Koivisto, I. and Mikkonen, V. (1997). "Mirroring Method-a traffic safety campaign without authoritative "Right Answers", Report from Liikenneturva.

OECD DATA（2015）．（以下の URL 参照）
　　https://data.oecd.org/transport/road-accidents.htm

太田博雄（1999）．「一時停止・確認行動」をテーマとした教育プログラム開発：その理論的背景と教育効果測定」交通心理学研究．20（1），1-14.

太田博雄（2014）「運転者教育におけるコーチングの可能性」交通心理学研究　30（1），54-59.

第9章 交通リスク心理学

1　はじめに

　本章では、主にドライバーのリスク知覚について説明を進めるが、交通心理学の研究対象は自動車のドライバーだけではなく、二輪車のライダー、自転車の利用者、歩行者、鉄道の運転士、船舶の船員、航空機のパイロット、交通管制を行う人など非常に幅広い。これら、交通の登場人物たちには相違点があるが共通点も多い。したがって、完全な読み替えは困難かもしれないが「ドライバー」という言葉を必要に応じて他の登場人物に読み替えて読み進めて欲しい。

　ドライバーは様々な情報に基づいて運転行動を選択しているが、比較的大きな割合を占める情報が、ドライバー自身が感じたリスクである。ドライバーは危ない（リスクが高い）と感じると、速度を落とす、停止する、車間距離を広げる、確認を増やし注意深く情報を収集しようとするなど、危険ではなくなる（リスクを下げる）行動を取る。一方、ドライバーは危険ではない（リスクが低い）と感じると、速度を上げる、確認を怠る、黄色信号で止まらないなど、危ない（リスクを上げる）行動を取る。危ない行動はリスクは高いが、その分到着時間が早くなったり、労力が少なくて済んだりする。つまり、リスクを犠牲にした分、利得（ベネフィット）が得られるのである。

　このように我々は、感じた危なさに基づいて常に行動を調整している。こういった調整は自分の行動を思い出してみれば誰でも思い当たる節があるだろう。交通のリスク心理学の章では、リスクとそれを感じる心と行動の関係を、交通心理学の観点から順を追って見ていくことにする。

2　リスクとは何か

　リスクとは、起きてほしくないことに関して、未来の不確実な状態を表す概念である。我々の生活には、病気の発症、持っている株価の暴落、子供の受験の失敗など、起きてほしくないことがたくさんある。交通事故もそのうちのひとつである。

　リスクとはこれらの「起きるかどうかわからないが、起きてほしくないこと」がどの程度の確率で起きるか、そして、起きてしまった時にどの程度深刻であるかを掛けあわせた値である。もう少しシンプルに表現すると、不幸な出来事の「発生確率×結果の重大性」と言うことができる。

　発生確率は、不幸な出来事に見舞われる人の数や回数だけではなく、不幸な出来事に見舞われない人も含めた全体の人数（＝分母）と、不幸な出来事がいつからいつまでに起きるか（＝期間）を含んだ概念である。例えば、日本の交通事故死者数は年間約4,000人であるが、我々個人がどのぐらいの確率で交通事故によって死亡するかは、この4,000人という数字だけからはわからない。この場合の分母は日本国民1.2億人であり期間は1年間である。分母と期間があって初めて、これから1年の間に個人が交通事故で死亡する確率

はおおよそ3万分の1であると計算できる。ここで3万分の1という発生確率は計算できたが、この確率が大きいか小さいかを評価するにはさらに、他のリスクとの比較も必要であろう。例えば国内の癌による死亡者は年間約37万人であり、確率はおおよそ320分の1程度、犯罪による国内の死亡者は年間約1,000人であり確率は12万分の1程度である。したがって、交通事故の死亡リスクは癌による死亡リスクよりは100倍ほど低く、犯罪による死亡リスクよりは4倍ほど高いと言える。

　ここで計算された確率は、日本人の平均的な確率であるが、発生確率は一様ではない。例えば、癌による死亡リスクが年齢や生活習慣によって異なるのと同様に、交通事故の死亡リスクは実に様々なものに影響を受けている。その人がどういう地域に住んでいるか、自動車や自転車を持っているか、どういう道路を何に乗って、どの程度移動するか、その時間帯はいつか、何色の服を好んで着るか、その人がどういう交通行動をとるかなど、挙げればきりがない。

　先ほど、リスクを「発生確率×結果の重大性」と書いたが、場合によっては、これに暴露度が加わって「発生確率×結果の重大性×暴露度」とする場合もある。店舗に車が突っ込んで店にいた人が犠牲になる、といった例外的な出来事を別とすれば、我々は基本的に交通システムの外にいるときには交通事故には遭わない。したがって、よく移動する人の交通事故リスクは高く、あまり移動しない人の交通事故リスクは低くなる。このように交通環境にどの程度さらされているかが「曝露度」である。

　リスクは、個人がどの程度事故に遭いやすいかという観点でも検討ができるが、その道路でどのぐらい事故が起きやすいかという観点でも検討が可能である。道路利用者から見れば、自分がどのくらい事故に遭いやすいかに関心があるが、道路管理者から見れば、自分が管理している道路がどのぐらい事故の起きやすい道路であるかに興味があるだろう。例えば、ある交差点で起きる事故が年間5件で、その交差点を通過する車ののべ台数が年間100万台だとすると、その交差点1通過あたりで事故に遭う確率は20万分の1になる。

　このような、特定の場所のリスクも個人のリスクと同様に時期や時間によって変動している。景気の良し悪しや天候、ゴールデンウイークの並びの良さなどによって年によってリスクは異なるし、交差点の周囲に商用施設などができ、交通量や交通流が変わることでリスクが変動する場合もある。また、季節や月によってもリスクは変動する。雪の多い地方では夏場と冬場のリスクは異なるし、盆暮れ正月や取り締まりが強化される交通安全週間にもリスクは変動するかもしれない。さらに、日によって、時間帯によっても変動がある。週末と平日、日中と夜間、通勤時間帯、買い物時間帯などリスクに影響を与える要因は多様である。

　さらに細かく見てみると、リスクは秒単位でも変動している。信号が青のときと黄色のとき、交差車両が接近しているときしていないとき、道の端を歩いている人が子供なのか大人なのかお年寄りなのか、それらの人との位置関係はどうか、その人たちがこちらの存在に気づいているか、自分が何に乗っていてどちらの方向にどのぐらいの速度で動いているかなど、リスクには多くの要因があり、刻一刻と変動している。

3 リスク知覚のしくみ

1 客観的リスクと主観的リスク

　ではドライバーはこのリスクに対してどのように対処しているのだろうか。ドライバーは速度や車線の選択、止まるかどうかなどを様々な情報から判断しているが、リスクは比較的影響が大きい情報である。ここで注意しなければならないのはドライバーが行動決定に使っているリスクは、リスクの本当の値（客観的なリスク）ではなく、あくまでもドライバーが感じ取っている主観的なリスクであるという点である。両者が概ね同じぐらいならばドライバーは現在の状況に対して適応した行動を選択できるが、両者にずれがある場合には適切な運転行動が選択されなくなってしまう。客観的リスクが主観的リスクよりも低い場合、つまり、本当は危なくないのに、ドライバーが危ないと思っている状態では、十分な速度を出せずに交通流を乱すことなどが予想されるが、安全という観点からはそれほど大きな問題とはならない。一方、主観的リスクが客観的リスクを下回っている場合、つまり、本当は危ないのにドライバーが危ないことに気付けていない場合には、速度が速くなりすぎたり、確認がおろそかになったりして、事故リスクが高まる可能性がある。したがって、ドライバーは自分が置かれている状況のリスクを、客観的リスクとそう遠くないレベルで感じ取る必要がある。個人がリスクを感じる過程を交通心理学では「リスク知覚」と呼んでいる。リスク知覚は主に交通環境から得られる情報と、運転能力の自己評価に基づいて行われると言われている。これらについて順を追って見ていこう。

2 ハザード知覚

　交通環境には様々なハザードが存在している。ハザードとは交通他者や交差点の死角、凍結した路面や視界を遮る霧など、事故可能性を高める様々な対象や状態である。リスクは発生確率や結果の重大性を含む量的な概念であるが、ハザードは「何がどういう状態か」という質的な概念である。また、リスクは高いか低いかが問題となり、ハザードはそこにあるかないかとその状態が問題となる。ハザードは交通環境中に複数あることが多く、ドライバーは知覚した複数のハザードの状態や位置関係などから総合的にリスクを知覚していると考えられる。

　運転は短時間に多くの情報処理を迫られる作業である。自動車は人間が歩いたり走ったりする以上の速度で走るので、ハザードは次々と出現する。リスク知覚はハザード知覚に基づいて行われているので、ハザードを見落としてしまうと、リスクは適切に知覚されない。したがって、適切なリスク知覚の為にはハザードを漏れなく知覚することが重要である。また、ハザードは十分に早く知覚される必要もある。ハザードの発見が遅いと、対処が間に合わずに衝突する確率が上がるからである。ハザードを漏れなく、そして遅延なく

発見するためには、主に2つの方法が考えられる。第1の対処法は速度を落とすことである。速度が落ちれば単位時間あたりに処理しなければいけない情報量は減少するし、対処時間にも余裕が生まれるので、ハザード発見の多少の遅延は問題とならなくなる。第2の対処法はハザードが出現しそうな場所を予測的に見ることである。人間の視力は視野の周辺に行くほど悪くなるため、運転席から見える景色に対して、適切な配分で重要なポイントに視線を向ける必要がある。これには、状況を予測的に見ようとする態度と、予測の為の経験や知識が必要であると考えられる。

3　運転能力の自己評価

　運転がうまい人と運転が下手な人がいたとすると、どちらのほうが事故に遭いやすいだろうか。運転のうまさとは何かという議論はさておき、同じ条件下なら運転がうまい人の方が事故に遭いにくいと考えるのが一般的であろう。我々はこのような運転能力に基づく事故率の評価を、他者にだけではなく、自分にも行っている。したがって、自分は運転がうまいと思っているドライバーは自分は事故に遭いにくいと考えるし、自分は運転が下手だと思っていれば事故に遭いやすいと考える。つまり、同じ交通状況で同じようにハザードを知覚をしたとしても、自分は運転がうまいと思っていれば、その高い運転能力によって危険な状況を乗りきれると考えるので、知覚されるリスクが低くなる。本当に運転がうまい人が、自分は運転がうまいと思っている分には問題が起きないが、自分の運転能力に対して過信がある状態では、知覚されるリスクが実際よりも低くなり、危険な行動が選択されてしまう。若年男性ドライバーの事故率は他の年齢層のドライバーや若年女性ドライバーに比べて高いが、この理由は若年男性ドライバーの運転能力の自己評価の高さが原因であるとされ、数多くの研究が行われてきた（詳しくは松浦1999のレビューを参照）。この過信によるリスク知覚の低下は、自分の運転能力だけではなく、運転している自動車の性能に対する過信でも起きる。特に近年は安全装置や運転支援装置が普及しはじめ、今後は自動車の走行性能が高いかどうかだけではなく、これらの装置に対する過信も問題となってくるであろう。

　過信を解消するためには、自分の運転能力や自動車の性能に対する正しい理解が必要である。運転能力評価では、自分個人に対する適切な評価だけではなく、我々人間が持っている能力の限界（例えば、中心視と周辺視に視力差があること、注意のリソースに上限があること、長時間の課題ではパフォーマンスにばらつきがあること、覚醒レベルにサイクルがあることなど）に対しても正しい理解をしていることが望ましい。また自動車の物理的な特性や限界を正しく理解することも重要であると考えられる。

4　結果の重大性評価

　リスクは発生確率と結果の重大性を掛けあわせた概念である。したがって、結果の重大性に対する評価もリスク知覚に影響を与え、結果的に運転行動に影響を及ぼしている。交通事故の場合、結果の重大性は大きく2つに分けられるであろう。第1の重大性は事故の

衝撃が人体や衝突対象、車体などに物理的にどのような影響を与えるかである。第2の重大性は事故発生後に課せられる賠償や罰則などの社会的ペナルティである。いずれも結果の重大性を正しく理解していないと、適切なレベルでリスクを知覚することが出来ない。第1の重大性の正しい理解には、速度と衝突時の衝撃の関係とか、自動車の強度、衝突時の車両や乗員の挙動、人体の脆弱性など、物理的な特性をよく知ることが重要であろう。また、第2の重大性については法律や罰則、賠償に対する制度的な理解はもちろんだが、加害者となってしまった時の状態や被害者の心情などに対する想像力を養うことも重要であると考えられる。

　結果の重大性の評価の問題は、もうひとつ心理学的に重要な問題を含んでいる。発生確率は客観的な数値として表せる。1/100よりも1/10の方が大きいことは誰にとっても事実であり、逆転することはない。一方、結果の重大性に対する評価からは主観的な要素を排除できない。例えば、同じ怪我をしたとしても、そのことを非常に重大に受け止める人もいれば、あまり気にしない人もいる。発生確率が1/100だという事実は誰にとっても変わらないが、足を骨折したという現象は人によって捉え方も影響も全く変わってくる。もちろんこれは自分の怪我にかかわらず、物的損害についても同様で、車のキズなどほとんど気にしない人もいれば、ほんの小さなキズがつくだけでも我慢できない人もいる。また、本人が結果の重大性をどう評価するか、という問題だけではなく、周囲の人がどう評価するかという問題も関連してくる。我々は社会の中で生きているので、誰かが怪我をして動けなくなれば、周囲にその影響が出る。同じ全治2週間でも、特にこれといった用事がない人の全治2週間と、重大な商談を抱えている人の全治2週間では影響が異なってくる。それでも、物的損害や後遺症が残らない程度の怪我であれば、現状復帰にかかるコストと、怪我をして動けなかった期間や自動車が使えなかった期間のコストは、多くの人が納得する形で便宜上の評価ができる。しかし、死亡や後遺症を伴う怪我に対する結果の重大性の評価では、亡くなった人が家族にとってどのぐらい大切な人だったかとか、後遺症によってどの程度人生の質が下がったかなど、ドライな評価はとてもできないことを扱わなければいけなくなってくる。

　これらは現実的には、ある算出方法に従って金銭に変換されて補償されるが、ここで算出される金額は誰もが納得する金額ではないだろうし、死んでしまった人は補償金を受け取れないという問題もある。金額に変換されて「数字」になると、一見すると発生確率と同じように客観的な数字に見えるし、比較も可能ではある。しかし、小学生にとっての1,000円の価値と大人にとっての1,000円の価値が全く異なっているように、金銭の価値は誰にとっても等価ではなく、完全に客観的な評価は不可能である。結果の重大性の評価が主観を含まなければ成り立たないということは、リスクに関わる問題は心理学が扱うべき問題であることを示している。

5　効用評価とリスクテイキング

　ここまで、知覚されるリスクについて述べてきたが、知覚されるリスクが同じであっても、ドライバーは必ずしも同じ行動を取るとは限らない。我々はリスクを敢行することに

よってどの程度の利得（ベネフィット）を得られるかや、リスクを回避するためにどの程度のコストがかかるかを常に天秤にかけながら行動を決めている。利得とコストの評価は合わせて効用評価と呼ばれている。そもそも車に乗ってどこかに行くこと自体がリスクを伴う行為であるが、車に乗ればその分目的地に早く着けるとか、たくさんの人や荷物を運べるとかいった利得があり、これらの利得の獲得が車の移動によって増加するリスクと比べて十分に価値があると判断されるから自動車が利用されるのである。この他にも自動車の利用には、確実に着席できること、時間や経路の自由度が高いこと、プライベート空間が確保されることなど多くの利得がある。この利得は、状況によっても変化するので、同じ人が同じようにリスクを感じても、状況によって運転ぶりが変わることを示している。例えば、飛行機の時間まで十分な余裕がある人にとって空港に早く着くことは大した利得ではないが、飛行機に乗れるか乗れないかギリギリの人にとっては空港に早く着くことの利得は大きくなる。したがってスピードを出す、無理な追い越しをする、黄色信号で止まらないなどしてリスクが増大しても、その人にとってはリスクテイキングに見合った利得が得られると知覚されてしまう。

　利得と同様にコストもリスクと天秤にかけられている。例えば車を買うときに安全装置がオプションだったらどうするだろうか。安全装置の価格に対して、低下するリスクが十分に大きいと思えば安全装置は購入されるだろうし、安全装置のコストが低下するリスクに対して高過ぎると思われれば安全装置の購入は見送られるだろう。コストもリスクや利得と同様に時間や状況によって変化しており、リスクを回避するのにコストがかかる場合にも危険な行動が敢行される。ここでいうコストとは金銭に限らず、所要時間の増加、手間の増加なども含まれる。一時停止や黄色信号で止まれば、それだけ燃料も必要となるし、所要時間や確認の手間が増える。自動車であればあまり意識されないが、自転車のように自分の足で漕がなければいけない乗り物の場合、下り坂で停止するよりも上り坂で停止するほうが労力（コスト）が大きい。

　利得やコストも、リスクと同様で個人が主観的に知覚した値に基づいて行動が決定される。したがって、リスク、利得、コストのいずれも適切なレベルで知覚されることが重要であると言えるし、利得やコストのコントロールによって安全な行動を促すことも可能である。例えば、交通違反の取り締まりは罰金や減点などのコストを負わされる可能性を知覚させることで、相対的にリスクテイクによる利得が低下するような取り組みである。また、安全装置がついている車の保険料を下げたり、無事故の期間が長いドライバーの保険料を下げたりすることで、リスク回避による利得を増加させる取り組みも行われている。

　ただし、取り締まりは遭遇確率が低く、保険料の支払いも年（月）に1回しか発生しないため、行動を強化するには利得やコストの変化を実感する機会が少ないという問題がある。学習を成立させるためには、行為と強化子（報酬や罰など）の時間がなるべく近い方が良いし、頻度も高いほうが良い。したがって、少額でも、確実な一時停止や制限速度を守った運転など、リスクを下げる行為に対して毎回報酬を与える（あるいはリスクを上げる行為に対してペナルティを与える）ような仕組みの方が、学習心理学的には理にかなっていると考えられるが、実践例はあまり見あたらない。

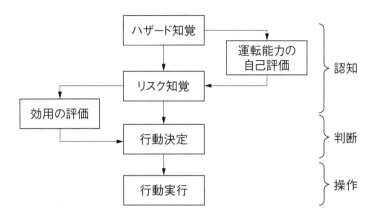

図9-1　リスク回避行動のモデル図（蓮花 2000 を一部改変）

　図9-1は蓮花（2000）によるリスク回避行動のモデル図を簡略化して中央に示した上で、右側に教習所などでよく言われている「認知-判断-操作」を対応する位置に記したものである。ここまで読み進めた読者には、単純に認知や判断と言っても、心理学的には大変複雑な情報処理の過程をたどっていることがわかるだろう。

6　リスクホメオスタシス（Wilde 1982）

　ホメオスタシスは恒常性と訳される元々は生物学などで使われていた用語である。例えば我々は暑くなれば汗をかき、寒くなれば震えて筋肉を動かすことで、体温を一定に保とうとしている。体温だけでなく、血圧や体内の電解質濃度など、様々な体内環境の状態を一定に保とうとしている。この機能は人間だけではなく、他の動植物にも備わっているし、生態系、地球環境、経済活動をする社会なども同じように状態を一定に保とうとする働きを持っている。これが本来の「ホメオスタシス」であるが、この考え方をリスクについても適応したのがリスクホメオスタシスである。
　リスクホメオスタシスの考え方は、我々の体が汗をかいたり震えたりすることで体温を一定に保とうとするように、我々が行動を調整することでリスクを一定に保とうとしているというものである。安全装置をつける、道路を広くするなどの安全対策を行った場合、対策前と同じ速度で同じように慎重に走っていれば、以前よりもリスクを下げることができる。しかし実際には我々は安全だと思ってしまうと対策前に比べて速く走ったり慎重さを欠いた運転をしたりしてしまう。我々はリスクだけを低くしようと思って行動を選択しているのでなく、リスク、コスト、利得をひっくるめて、利得はなるべく大きくなるように、リスクやコストは許容できるレベルまで小さくなるように行動を選択している。これらはトレードオフ（注1）の関係にあるので、ひとつを取れば残りは犠牲になる。対策前のリスクが許容できないほど高いのであれば、低下したリスクはそのままドライバーに受け入れられ、ドライバーの行動が変化することはない。一方、対策前のリスクが既に許容

（注1）一方に注力するともう一方が犠牲になる関係。例えば製品の品質を上げようと思えばコストが上がるし、コストを下げようとすれば品質が下がるような関係。

範囲内である場合には、コストを下げたり、利得を増やしたりする方に行動が調整され、リスクはもとのレベルになってしまう。安全装置を設計したりつけたりする側は、安全装置がついた分、事故が減ることを期待するが、ドライバーがこのような調整行動を取ってしまうため、事故率はあまり下がらない。このような調整行為を補償行動と呼んでおり、我々は至るところで補償行動を行っている。補償行動はリスクを上げる方向だけでなく、下げる方向にも発生する。例えば、視力や反応時間がが衰えたことを自覚している高齢ドライバーは、以前よりも速度を落としたり車間距離と取ったりして、リスクをもとの水準に近づけようとする。

このように我々は、予め持っている「リスクの目標水準」が一定になるように行動を調整していると考えるのがリスクホメオスタシスの考え方である。この考え方に基づけば、リスクの目標水準を下げる対策をしない限り、安全装置などの対策はリスクを下げることができない。逆にリスクの目標水準さえ下げられれば、安全装置などを用いなくてもリスクを下げられるということになる。

リスクホメオスタシスは一見するとリスクを下げるための工学的対策は無意味だという主張だと思われたために、多くの批判を呼んだ。しかし、リスクは変わらないのに目的地に早く到着できるようになったり、確認が楽になったりするので、リスク、コスト、利得をトータルで見れば行為者にとって対策はプラスであったと言える。リスクホメオスタシスの重要なポイントは、対策を実施する側がリスクの低減を意図していたとしても、その効果をどこに投入するかは行為者の選択に委ねられているため、対策の効果はリスクを下げるために使われない可能性があるという点である。

近年自動車交通の分野では、技術の進歩により自動ブレーキシステムやレーンキープシステムなどの運転支援システムが次々と提案され、実装され始めている。これらのシステムについても、ドライバーの心理的特性をよく理解した上で運用していかなければ、結局事故率は変わらなかった、ということになりかねない。今後さらに安全装置の普及が進むことが予想されるため、これらの動向を交通心理学的視点で注意深く見守る必要がある。

4 リスクの測り方

リスク知覚を研究テーマとして取り扱うにあたり、ドライバーが感じている主観的なリスクを測る必要がある。主観的リスクはどのように計測されるのだろうか。リスクに限らず、心理実験の多くは実験参加者に刺激を与え、その反応を見ることで、ブラックボックスである心の活動を探っていこうとしている。そこで、まず実験参加者に与える刺激の側に着目してみよう。

1 刺激の提示方法

最も直接的な方法として、交通場面を見せる方法がある。見せ方は様々で、交通状況を描いたイラストを用いる方法、道路で撮影してきた写真やビデオ映像を用いる方法、アニ

表9-1 交通のリスク知覚研究でよく用いられる刺激の種類と内容

	現実	仮想
静止画	写真	イラスト
動画	ビデオ映像	アニメーション コンピュータ・グラフィックス
相互作用的な刺激	運転席からの景色	ドライビングシミュレータの画面の映像

メーションやコンピュータ・グラフィックスを用いる方法などがある。また、ドライビングシミュレータや時には実際の車を運転させて実験を行う場合もある。このとき、ドライビングシミュレータの画面上に映っている映像や、ドライバーから見えている現実の景色も実験刺激であるが、これらは実験参加者の操作によって次の展開が変わってしまうので、事前に撮影・作成された動画とは性格が異なる。これらの刺激のほとんどがドライバー視点のものであるが、ドライバー以外の交通参加者の視点のものや俯瞰図なども用いられる場合がある。交通場面の刺激は静止画・動画・相互作用的な刺激という動きによる分類と、現実・仮想という作成方法による分類が可能であろう（表9-1）。なお、静止画は視点の主体も含めた交通参加者の動きや前後の文脈に関する情報量が不足するため、時間的に連続する複数枚の画像が用いられることがある。

　これらの刺激には一長一短がある。静止画は作成、加工、提示がいずれも容易であり、写真に映った信号機の色を簡単に変えることもできるし、印刷して持っていけば刺激提示のための装置も不要である。しかし、静止画では速度や前後の文脈を示すことが困難である。動画は静止画に比べて作成や加工が困難であり、提示装置も必要だが、文脈を示せるという利点は大きい。ただし、動画は時間的な広がりを持っているため、実験参加者に動画のリスクを評価してもらう場合、場面のどの時点でのリスクを答えるのか、あるいは場面全体のリスクの積分値を答えるのかなど、教示には十分に注意を払う必要があり、この点については後述する。相互作用的な刺激は最も実際の運転の状況に近いし、ハンドルやペダルの操作を反応として扱うこともできることは大きな利点である。しかし、実験参加者の操作によって刺激が変わってしまうため、実験参加者間で厳密に同じ刺激を見せる必要があるような実験には向かない。実験にどの刺激を用いるかは、予算や機材の状況や研究目的をよく考えて選択する必要がある。

　現実で撮影した刺激と仮想で作成した刺激にもそれぞれ一長一短がある。現実の刺激はカメラを持って道路に行けばすぐに撮影することができるが、仮想の刺激を作成するためには絵心やコンピュータ・グラフィックス作成の技術が必要とされる。現実で撮影した刺激はリアリティは高いが、被写体に「やらせ」をさせない限り、交通他者の位置関係などが偶然に依存してしまうという問題がある。一方、仮想の刺激はリアリティは劣るが、交通他者の配置や視点の変更などが自由にできるため、例えば歩行者の服の色だけを変える

といったような、一部だけが異なっていて他が全く同じである刺激を容易に作成できる。

ドライバー視点の刺激の作成にはいくつかの留意点があり、研究内容によっても留意点が異なる場合もあるが、共通した基本的な事項として次のような留意点が挙げられる。視点（撮影の場合はカメラ位置）の高さや左右の位置がなるべくドライバーの視点に近いこと、刺激がおおむね水平で正面を向いていること、車内からの撮影の場合に窓の映り込みが強くないこと、レンズによる画像の歪みが大きすぎないこと、信号機の色が判別できることなどである。また、実験参加者の視点から刺激を見た時に、刺激の中に映ったものが実際に運転席に座ったときと同じ大きさで見えるように画角を調整する場合としない場合がある。これらは研究方法や装置の制約で決まってしまうこともあるが、交通状況の文脈だけではなく没入感まで含めてリスクを検討したい場合にはなるべく画角は揃えるべきであろう。

ところで、実際の運転中には音や振動、加速度など、視覚以外の情報もドライバーに伝わっており、これらもリスク知覚に影響を与えていると考えられる。したがって、再現可能ならこれらを再現するべきであるとも考えられるが、これらをリアルに記録したり再生したりするのは容易ではない。このため、これらは意図的に省略される場合がある。

実験参加者に交通場面を想起させるのに視聴覚的な刺激を用いずに文章で状況を提示するという方法もあるが、文章による提示は交通環境や交通他者との位置関係の細かい記述や表現が困難である点、実験参加者によってイメージされる場面が異なってしまう点などを考えると特定の交通状況に対するリスク知覚を調べる実験にはあまり適した方法とは言えないだろう。ただし、具体的な交通場面の短期的なリスクではなく、一定期間の長期的なリスクをたずねる場合には、例えば「あなたはこれから先の一年間にどのぐらいの確率で事故に遭うと思いますか？」といったように文章を提示して、感じたリスクを聞き出す場合もある。

2　反応の計測方法

(1)　主観評価からリスクを測る

主観的なリスクの測り方の中で、最も安価で簡単な方法はリッカートスケール(注2)やビジュアルアナログスケール(注3)などを用いて現在感じているリスクレベルを紙の上に書いてもらう方法である。この方法には特別な装置がいらない一方で、大きく2つの問題がある。第一の問題は例えば両端を「全く危なくない」「非常に危険」などとした場合に、そのイメージが人によって異なる点である。また、いくつかの場面を連続して提示す

(注2)　質問項目に対して「非常にあてはまる」から「全くあてはまらない」のような両端をつくり、その間に「ややあてはまる」「どちらとも言えない」「あまりあてはまらない」などを配置して回答者の感覚に近いものを選択してもらう尺度。必ずしも5段階とは限らず4-7段階程度が多く用いられる。

(注3)　リッカートスケールのように目盛を持たずに両端だけを示し、間に線分を引いておく。回答者はその線分の中で自分の感覚に近いところに直交する線を引く。分析は線分の端から何ミリのところに直交線が引かれたかを測って行われる。間隔尺度をして扱うことができる。

る場合、最初の場面で「非常に危険」に印をつけた実験参加者が、2つめの場面をさらに危険だと感じたとしても、やはり「非常に危険」にしか印をつけることができない。この問題を解決するために、事前に基準となる場面を見せてイメージを統一したり、マグニチュード推定法（注4）を用いて上限をなくすような方法が用いられることがある。

　第二の問題は時間的に分解できない点である。刺激が静止画の場合にはこの問題は起きないが、刺激が一定の長さを持っている場合には、実験参加者の評価が刺激の中のどの部分の評価をしたかがわからない。この問題に対する簡単な解決方法は例えば「場面の中の最も危険と思った箇所のリスクを評価して下さい」とか「場面の平均的なリスクを評価して下さい」のように実験参加者にどこを評価するかを教示する方法である。また、レバーを用いて場面から感じるリスクを経時的に評価させる研究も行われている（島崎・石田　2009）。

　実験参加者に場面のリスクを主観的に評価してもらう方法として、一対比較法が用いられる場合がある。一対比較法は複数の刺激を総当りでペアにして、1回の試行では2つの刺激のうち、より危ないと思う方を選んでもらう方法である。一対比較法の結果は複数の実験参加者のデータを用いて処理されるため、出力される結果は複数の実験参加者の「総意」である。一対比較法では、集団がどの刺激をどの程度の危険度だと判断したかを間隔尺度として表すことができるが、実験参加者個人がどの刺激をどの程度危険だと判断したかはわからない。したがって、個人差を扱う研究には向かない。また、刺激の一方を選ぶだけなので、実験参加者の1試行あたりの負担は少ないが、刺激同士を総当りで比較してもらうので、刺激数が増えていくと試行数が非常に多くなるという問題もある。なお、一対比較法にはいくつかのバリエーションがあるので、興味のある読者は専門書を読み進めてもらいたい。

　主観評価の全般的な利点は、特別な装置が不要なので手軽に評価できる点である。一方、全般的な欠点として、実験参加者が本当のことを答えている保証がないという問題がある。我々は多かれ少なかれ社会的に望ましい人間に見られたいという願望がある。したがって、意識的にせよ無意識的にせよ、社会的に望ましい方向に回答を歪めてしまう可能性がある。

（2）体の反応から感じているリスクを推測する

　我々の心は、身体と切っても切れない関係にある。体調がすぐれない時には気分もすぐれないのと同様に、心の状態が身体に影響を与える場合がある。したがって、身体の反応を計測することで、間接的に心の状態を推し量ることができるのである。こういった分野を生理心理学と呼び、計測される指標を生理指標と呼んでいるが、交通心理学の分野で比較的よく計測されている生理指標として皮膚電気反射と心拍の周波数成分の変動を紹介する。

　「手に汗握る」という表現をアクション映画のキャッチコピー等でよく目にするが、実

（注4）基準刺激に例えば100などの数値を割り当てておき、評価対象刺激がいくつだと感じるかを回答してもらう方法。基準刺激より評価対象刺激が小さく、マイナスがありえない内容の場合はゼロが最小となるが、基準刺激より評価対象刺激が大きい場合には無限に大きい数字を回答できるため、天井効果が起こらない。

際に我々の手のひらや足の裏は精神性発汗部位と言って、緊張状態に応じて汗をかくことが知られている。これを交通に置き換えると、ドライバーが交通状況のリスクが高いと感じると、手のひらや足の裏に汗をかく事が予想される。手のひらや足の裏の発汗は電気抵抗の変動として計測される。2本の指に電極を貼っておき、その間に微弱な電圧をかけておく。手のひらが乾いていればあまり電流が流れない（電気抵抗が高い）状態だが、手のひらに汗をかくと、汗に含まれる塩などの電解質が電気を通すため電流が流れるようになる（電気抵抗が低くなる）。この電気抵抗の違いを計測することで、ドライバーが感じているリスクを推測するのである。

　心拍の変動周波数は精神性発汗よりも少々理屈が難しいので専門的な解説は避けるが、心拍数の変動から我々の体が「戦闘・逃避モード」になっているか「リラックスモード」になっているのかを探ろうとする方法である。リスクを感じている時は「リラックスモード」ではなく「戦闘・逃避モード」になっていると考えて良いだろう。我々には、自分の意志で直接動かすことができない自律神経があり、自律神経は獲物を捕ったり戦ったり逃げたりするときに活性化する交感神経と、休息したり食べたものを消化したりするときに活性化する副交感神経に分けられる。この交感神経と副交感神経はそれぞれ固有の周波数を持っており、心拍の変動に影響を与えている。したがって、心臓の鼓動の間隔を周波数成分の強さ（パワースペクトル）に変換し、交感神経の周波数と副交感神経の周波数の比率がどうなっているかを調べることで、その人が現在「戦闘・逃避モード」なのか「リラックスモード」なのかを推測することができる。

　これら生理指標を利用したリスク知覚の推定の利点は、主観評価と違って自分でコントロールができないので、実験参加者のやる気や覚醒レベル、社会的な望ましさによる回答の歪みなどの影響を受けにくい点である。一方、生理指標には様々な問題点もある。皮膚電気反射は一度汗をかいて電気抵抗が下がってしまうと、手のひらが乾くまで元に戻らない。したがってリスクを感じる状況が連続すると、それらを切り分けることができない。心拍の周波数成分の変動では、心拍の間隔から周波数成分への変換、パワースペクトルの積分とその比率の検討というように比較的高度な情報処理が必要となってくる。これらは設定を間違えなければコンピュータが自動的に計算してくれるものではあるが、初学者にとってはハードルが高いと言えるだろう。

　次に生理指標共通の問題点のうち主要なものをいくつか挙げておこう。まず生理指標を計測するためには専用の計測装置が必要である。これらは高価な上に家電製品のように簡単に使えるわけではなく、使いこなすためには習熟が必要である。また、生理指標は自分で意図的にコントロールはできないが、リスク知覚以外の様々な要因に影響を受けてしまう。例えば精神性発汗と無関係に我々は暑ければ汗をかいてしまうし、喋ったり身体を動かしたりすれば心拍数は変動してしまう。これらの条件を統制した上で、扱いがシビアな大がかりな装置を使って実験をするためには、それなりの予算や労力やスキルが必要であり、これらの問題は実験参加者の数を増やしにくい要因にもなっている。にもかかわらず、生理指標は個人差が大きく、統計的に有意な結果を出しづらい。しかし、生理指標はドライバーの処理リソースを奪わないため、研究目的だけではなく、運転支援システムがドライバーの状態を推測するために使われ始めるなど、利用価値が高い方法論である。ま

た、生理指標を用いた研究は、我々のリスク知覚など心の活動を明らかにするだけではなく、身体のメカニズムや、心と身体の相互作用を解明できる可能性がある。ここで紹介した2つの生理指標の他にも、眼球やまぶたの動き、呼吸、唾液や血液の成分変化など、様々な生理指標が研究に用いられているので、興味があれば専門書を読み進めてもらいたい。

(3) 行動から感じているリスクを推定する

　ドライバーはリスクが高いと感じればアクセルから足をはなし、ブレーキペダルに足をかけ、さらに危ないと思えばブレーキを踏んで減速しようとする。同様にシフトダウンを行って減速したり、ハンドルを用いてハザードを避けることもある。また、リスクが高いと感じれば普段よりも入念に確認を行うかもしれないし、減速や回避に向かう前段階として、ブレーキを踏んでも追突されないかなど、周囲の状況を確かめることもある。このように我々は感じたリスクに基づいて運転行動を決定しているので、運転行動から感じているリスクを推定することもできるはずである。さらに、事故率の低下だけを目指すのであれば（心のメカニズムの解明には興味がないのであれば）、行動の前段階のハザード知覚、リスク知覚などの状態はどうでも良く、運転行動だけが適切になれば良いという考え方も成り立つ。この視点に立てば、間のプロセスはさておき、刺激によって運転行動がどう変化するのかを明らかにすれば良いため、リスク知覚の推定は必ずしもする必要がないということになる。

　上記の議論はさておき、運転行動は様々な形で計測されてきている。実車で実験を行う場合には、ペダルやハンドルにセンサーを取り付けて、踏んだかどうか、踏み込み量、ハンドル角などを測る場合もあるし、操作系ではなく車体に加速度計を取り付けて、車両の加減速や旋回の状態を計測する場合がある。前者はドライバーの行動を直接計測できる反面、センサーの取り付けに工夫と加工が必要である。一方、後者は車体に動かないように設置すれば良いので取り付けにはあまり苦労はしないが、路面の凹凸などのノイズを拾ってしまうという欠点がある。また、ハンドルやペダルの動き、加速度を計測する方法だと、アクセルペダルからブレーキペダルに足を踏み変えるいわゆる「構え」が計測できないため、ドライバーの足元にカメラを取り付けたり、つま先にセンサーを取り付けたりして、足がどのように動いているかを計測する場合もある。

　確認の頻度や角度については、帽子に取り付けたセンサーで計測する場合もあるし、ドライブレコーダの車内カメラなど、ドライバの顔を映像として記録しておき分析する場合もある。前者はデータを直接デジタルで取り出せるので後処理の手間が少ない反面、細かい情報が取得できない。映像は人間が見て分析する必要がある反面、目がどちらを向いているか、まぶたの状態から推測して眠くなったりしていないかなど、センサーのデータだけからは得られない多様な情報を得ることができる。なお、一般の道路上で実験を行う場合には、ドライブレコーダの車外カメラなどで車両周囲の状況の映像を残しておかないと、ドライバーの操作が、どういった状況に対して行われたかがわからなくなってしまう。交通状況はドライバーの運転行動ではないがドライバーの運転行動を理解するため、一緒に記録しておく必要がある。

　シミュレータを用いる場合、多くの研究用シミュレータでは特別なセンサーなどを取り

付けなくてもドライバーのハンドルペダル操作、車両の挙動や軌跡、周囲の交通他者の動きなど記録してくれるので手間は少ない。一方、よほど高価なシミュレータでない限り、ブレーキを踏んでもドライバーに加速度のフィードバックがなく、ペダルを踏み込んだ感覚も実車とイメージが異なる場合が多い。従って、ここで取得されたブレーキの踏み具合がどの程度ドライバーが感じたリスクを反映しているのかは慎重に検討する必要があるだろう。

　実車にせよシミュレータにせよ、ドライバーの操作とリスクはクローズドループの中にある。つまり、ドライバーがリスクを感じてブレーキを踏めば車速が低下してリスクが下がってしまう。このため、周囲の状況と車速などを含め、全ての実験参加者に対して客観的なリスクが等価である状況を刺激として与えられないという問題がある。この問題を解決するために、予め撮影・作成された変化しない映像をドライバーに見せ、運転しているつもりでハンドルやペダルの操作をしてもらうという方法もある。この方法はリアリティの面では問題があるが、実験参加者間の比較を行う研究など、同じ刺激を複数の実験参加者に見せる必要がある場合に有効な方法である。

(4) 質問紙を用いて感じるリスクを推定する

　世の中には心配症の人とのんきな人がいる。心配症の人はのんきな人に比べてリスクを高く見積もりがちであることが推察される。また一部には、危険なことを敢えて好んでやるタイプの人もいる。このように我々が持っているある種の性格特性、行動パターン、属性、経験、知識、社会的役割などから、その人が感じるリスクや運転行動の特徴をある程度予測できる場合がある。これらの情報は質問紙を用いてたずねることが多い。これらのうち、例えば性別・年齢・職業などの属性は、回答者が嘘をついたり間違えたりしない限りはその通りの客観的な情報が得られる。一方、性格・経験・知識・行動は少々厄介である。性格は見ることも触ることもできないので、たとえば「ちょっとした事ですぐに落ち込む」などの質問に対して、「よくあてはまる」〜「全くあてはまらない」などの尺度を作って回答してもらって計測することが多い。こういった質問紙は通常数問から数十問をまとめて回答してもらい、相関の高い項目同士をグルーピングして因子とする因子分析という方法を使って分析されることが多い。これは例えば「外向性」などの抽象的な概念をたったひとつの「出かけるのが好きだ」などの具体的な質問項目に代表させるには無理があることと、例えば1問で回答が5段階評価だとすると、全回答者を5段階のどこかにしか振り分けることができないことが理由である。

　経験は性格ほど厄介ではないが、聞き方の工夫は必要である。例えば交通事故に遭遇したことがあるかないか、それは自責事故かどうかをたずねられても、2件以上の事故を経験している人はどちらについて自責かどうかを答えればよいかわからない。また、経験は次第に忘れられてしまうので、覚えてなければ答えられないという問題もある。知識は学力テストと同様に問題を出して解答を書いてもらえばおおよそ測ることができるが、テストをすること自体が知識の獲得に影響を与えてしまうので、繰り返しの調査には向かない。行動はある行動を「よくやる」〜「ほとんどやらない」から選択してもらえば概ね測ることができるが、実際の行動は状況によって実行されるかが変わってくるため、厳密な

行動の計測はやはり実験などで確かめた方が良い。また、一時停止のように、やっているつもりになっているが実際にはできていない人がいたり、スピード違反のようにやってはいるが、はっきりと「やっています」と答えづらい内容もある。

　いずれにしても質問紙を用いたやり方は、実際の運転時に起きることを直接調べるというよりは、その背景にある性格特性などを通じて、間接的にドライバーが感じるリスクを推測しようというものである。運転行動は「車両の操作」「交通状況への適応」「運転の目的や文脈」「人生の目的や生きる力」の4つの階層から構成されていると言われており（Hatakka, Keskinen, Gregersen, Glad, & Hernetkoski, 2002）リスク知覚は交通状況への適応の階層の問題である。　しかし、上位の階層は下位の階層に影響を与えているため、より上位の階層を調べることで交通状況への適応の階層を予想しようというのが質問紙を用いた手法であると言えるのかもしれない。ともあれ、質問紙には特別な装置を用いずに、安価に、一度に大量のデータを取れるというメリットがあり、利用価値は高い。

5　リスク知覚を変える

　ここまで見てきたように、知覚されたリスクがドライバーの行動に与える影響は大きい。したがって、リスク知覚について十分な理解をしていなければ、ドライバーの行動を理解することもまた難しい。この章の最後では、これまでの議論を踏まえて、リスク知覚を変え、運転行動をより安全なものへと変容させる方法について述べる。

　なお、我々はジェットコースターに乗るときのように、刺激や興奮を求めて危ないことを好む場合があるし、そういう傾向が強い人もいる。この傾向を「センセーション・シーキング」と呼んでおり、一部のドライバーはこの傾向が強いために事故が多い可能性もあるが、センセーション・シーキングの問題は「善良な」交通行動を行おうと思っている人の問題とは少し性質が異なる。すなわち、通常はリスクは回避したいものであるので、ドライバーはリスクが高いと思えば回避しようとするが、センセーション・シーキングではリスクが快刺激であるため、よりリスクが高まる行動を選択してしまう。したがって、この問題はこれまで説明してきたリスク知覚の枠組みの外の問題であり、ここではあまり詳しくは触れないが、この点も、交通心理学にとって重要なテーマのひとつである。

　リスク知覚は短期的にはハザード知覚と運転能力の自己評価に基づいて行われる。したがって、まずハザードの見落としを減らすことが重要である。ハザードをより早く的確に発見するためには知識や経験に基づいて予測的に交通状況を見ようとする必要があり、これは運転経験を積んだり、適切な方法で訓練したりすれば獲得できるスキルであると考えられる。また、リスク知覚に影響を与えているもう1つの要因、運転能力の自己評価について、ドライバーに過信傾向があるならそれを何らかの方法で正すのは効果的な方法であろう。我々は自分を客観視するのが苦手であり、自分が思っている自分と他人が思っている自分は案外違っているものである。これを是正するためには、外部から違っていることを指摘する方法と、メタ認知スキルと高める方法とが考えられる。前者はやり方によっては反発を招く可能性があるが、車外から撮影した運転を本人に自分とわからないようにし

て問題点を指摘させ、本人にフィードバックする研究などが行われている（中村・島崎・石田 2013）。後者のメタ認知スキルは自分を客観視する能力で、運転に限らず人生の様々な局面で重要な能力である。これを獲得するためには自分を振り返ってみる機会を増やすことが重要であり、最も手近なところでは日記をつけてみるのも有効であると言われている。

知覚されたリスクから運転行動に至る過程ではコストや利得がリスクと天秤にかけられている。そこで、知覚されるコストを上げたり、利得を下げたりできれば、感じているリスクは同じでも運転行動を是正することが可能であろう。コストや利得のコントロールによる運転行動の変容は、まだ未発見の効果的な対策がある可能性があり、新しいアイディアが期待される。

リスクは、発生確率×結果の重大性であり、結果の重大性の認知は主観的な要素を完全に排除できないことは既に述べた。言い換えれば結果の重大性認知は人それぞれであり、この部分もコントロールできる可能性がある。交通事故によって自分が被害を受ける場合、失うものは未来であると言い換えることができる。負傷すれば怪我が治るまでの普段通りの生活ができない期間の未来を失うし、死亡すればそれ以降の全ての未来を失うことになる。そして未来の価値は主観的かつ相対的である。自分は周囲の人にとって必要な存在で、価値のある人間だと思っていて、未来が希望に満ちていれば、失う未来の価値は大きく、したがって、結果の重大性は大きく見積もられるであろう。一方、自分は存在価値の小さい人間で未来に希望などないと思っている人にとって失う未来の価値は相対的に小さく、結果の重大性が小さく見積もられてしまう可能性がある。これは他者に対する認知についても同様である。したがって、ドライバーが自己や他者をかけがえのない価値のある存在だと感じられるような環境や状況を整えることができれば、知覚されるリスクは大きくなり、その結果、運転行動は安全になることが期待できると考えられる。

文　献

Hatakka, M., Keskinen, E., Gregersen, N.P., Glad, A., & Hernetkoski, K. (2002). From control of the vehicle topersonal self-control: Broadening the perspectives to driver education. Transportation Research Part F, 5, 201-215.

松浦常夫 (1999). 運転技能の自己評価に見られる過大評価傾向　心理学評論, 42, 419-437.

中村愛・島崎敢・石田敏郎 (2013). 交差点における一時停止行動の自己評価バイアス, 交通心理学研究, 29 (1), 16-24.

蓮花一己 (2000). 運転時のリスクテイキング行動の心理的過程とリスク回避行動へのアプローチ, IATSS Review, 26 (1), 12-22.

島崎敢・石田敏郎 (2009). 事故反復者のハザードの発見とリスク知覚の時系列分析, 応用心理学研究, 34 (1), 1-9.

Wilde, G. J. S. (1982). The theory of risk homeostasis: implications for safety and health. Risk Analysis, 2, 209-225.

第10章 交通社会心理学

1 はじめに

　道路は人やモノの移動空間であるのみならず、人が出会い、交流する広大な公共空間と見なすことができる。その意味で、自動車の運転者が他の道路利用者と出会う交通場面は、人と人との社会的相互作用である。欧米では、道路利用者である歩行者や自転車利用者の教育の際に、「路上のパートナー」という表現がよく用いられている。

　社会的相互作用の研究としては、路上の攻撃を扱った研究や信号無視をモデリングとしての観点から扱ったものなどがある。蓮花（1996）は、対人コミュニケーションという観点から、車両や歩行者の合図を取り上げている。合図には、ウインカーやパッシングライトなど車両の装置を用いたものや手などの身振りを用いたものがある。交通の分野では「カーコミュニケーション」として知られている。

　日常の運転においても、車のドライバー同士が行う合図では、お互いの距離が遠いこともあり、ウインカーやブレーキランプ、クラクションなど、メッセージを伝える装置が数多く組み込まれている。ほんの少し鳴らされるクラクションや2、3回のウインカーの点滅が相手に数多くのメッセージを伝えている。昔から遠いところや大勢の人々に情報を伝達する手段として、陣太鼓や法螺貝、狼煙などが用いられてきた。現代でも空港や海上での手旗信号のように、特定の道具を用いた合図手段が存在している。このように、道路空間でのドライバー同士を結びつける対人コミュニケーションは、一般的には、「カーコミュニケーション」、あるいは対人交通コミュニケーションと呼ばれている。

　蓮花（2000）の紹介している新聞記事に下記のようなものがある。

　「右折時、前から来た車がパッシングするので、道を譲ってもらえると思って発進したら、相手はそのまま突っ込んできた」。…（中略）…「相手のパッシングは『おれは　通るぞ』という意味だったらしい。なにを考えているのか」と事故に遭いそうになった会社員が怒っているという記事である（毎日新聞2000年2月22日地方版・東京）。

　図10-1のように、対向車からのパッシングライトが異なるメッセージを伝えているだけでなく、一方では「お先にどうぞ」、他方では「おれが先に行くぞ」という正反対の意

写真10-1　対向車からのパッシングライト（蓮花、2000）

第10章 交通社会心理学

味に用いられている。同一の状況下での合図が、正反対の意味に受け取られるならば、コミュニケーションの不成立が生じやすく、相手の勘違いから交通事故に結びつきかねない。

さらに大きな問題は、こうした合図が自然発生的に発生して、教習所などの運転者教育では公式に教育されていないことである。自然発生的な合図は地域によって使われ方が異なることも多く、人によっても使い方や理解の仕方が異なる。とくに運転の初心者は合図の意味を理解できず、勘違いをすることで、事故への大きなリスクを負うことになる。

2 カーコミュニケーションのチャンネルと内容

モータリゼーションが進み、国民皆免許の時代を迎えた日本のように過密な交通状況では、ある意味で車を運転することは人と人との絶え間ない相互作用の連続と言える。こうした対人相互作用の基本は、日常での挨拶やお礼などの対人コミュニケーションである。交通社会でもこうした基本的なコミュニケーションは同様であり、自分の車を合流車線に入れてもらったときのお礼の合図があるだけで対人相互作用がスムーズになる。ドライバーや歩行者など交通参加者の合図がトラブルを未然に防ぐ場合もある。図10-2の写真のように、車を入れてもらったときのハザードランプがお礼の意味に使われることがよく見かけるようになってきた。

非言語的コミュニケーション（以下NVCと呼ぶ）の分野では、身振りや表情、視線によるアイコンタクトなどが扱われる。カーコミュニケーションもNVCの一種と考えることができるが、通常のNVCが言語の補完的な側面が強いのに対して、カーコミュニケーションでは、言語があまり有効な手段ではないという特徴がある。さらに、車というのは車体で隠れるために、ドライバー相互の視認性が低くなるので、相手のドライバーが見えない状態でコミュニケーションをする。また、運転中は前方を注視する必要があり、後続車や他の車のドライバーに注意するにも限界がある。騒音も高く、車内のラジオやカーステレオを聴いていると、車外からの言葉もなかなか聞き取れない。こうしたもろもろの事情から、通常、人間が対人コミュニケーションで使用している言語という重要な手段を交通場面での意思疎通にほとんど用いることができないのである。

写真10-2　ハザードランプでのお礼の合図（蓮花、2000）

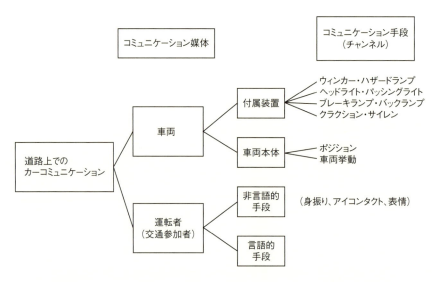

図 10-1　カーコミュニケーションのチャンネル（蓮花、1986）

　コミュニケーションの過程は、①送り手の符号化（encoding）、②伝達されるメッセージ、③伝達媒体としてのチャンネル、④受け手の符号解読（decoding）の4つの側面から成立している。
　蓮花（1986）によると、カーコミュニケーションの手段として中心となるのは、人工的装置を用いたメッセージのやりとりである。大きく分けて、（1）左右のウインカーやハザードランプ、（2）ヘッドライトやパッシングライト、（3）ブレーキランプやバックランプ、（4）クラクションや他の音声装置、の4種類に大別できる（図10-1）。
　カーコミュニケーションのメッセージ内容としては、（1）不快感の表出、（2）命令、（3）自己の明示、（4）連絡、（5）礼儀という5つのカテゴリーが見出された（蓮花、1994参照）。たとえば、パッシングライトの点滅は、相手に対して、「あなたのヘッドライトがついている」、「前方で取り締まりが行われている」、「こんにちは」、「あなたを追い越したい」、「来るな、こちらが先に行く」、「譲ります。お先にどうぞ」などという多様なメッセージを伝達している。同じような状況でのパッシングライトが全く異なる意味で用いられることが推定できる。
　「不快感の表出」とは、主としてクラクションと車での挙動が手段として用いられている。「進路妨害の車に対して鳴らすクラクション」などである。遅い車への「あおり行為」（車を急接近させることや後方で車を振る示威的行為）などの挙動そのものを手段とする場合がある。
　「命令」には、「要求」を意味する強い命令と「依頼」を意味する弱い命令とがある。前者の例は「交差点で対向右折車が曲がってこようとするのをパッシングライトで止める」であり、後者の例は「車線変更や合流時にドライバーが車から手を出す」というものである。
　「自己の明示」には、「存在の明示」（自車や自分がここに存在していることを明らかに

する合図)、意図の明示(これからしようとしている行為を予告するための合図)、行動の明示(現在している行為を示す合図)という下位の区分がある。たとえば、「高速道路の渋滞末尾でハザードランプをつける」という合図は「存在の明示」であり、車線変更の前に方向指示器を出す合図は「意図の明示」である。実際に車線変更中に出す方向指示器の合図は「行動の明示」である。

「連絡」は運転事態から比較的独立したメッセージを相手に情報伝達するための合図であり、カーコミュニケーションではそれほど用いられていない。パッシングライトを用いて「前方で速度取締が行われている」という合図は、その良否はともかく、比較的全国で行われている。

「礼儀」は「行き違いで止まってくれた対向車にパッシングライトを点滅させることや短いクラクションを鳴らすことで道を譲る」という例のように、人間関係を円滑に進めるうえでのあいさつやお礼の合図である。

こうしたカーコミュニケーションとしての合図の中には道路交通法から見て違法であるものも多く、また一部のドライバーしか意味が分からない特殊な合図も多いことから使用を避けるべきだとの考え方もある。しかし、人間の移動に伴う出会いが交通社会の必然であることから、カーコミュニケーションの発生が必然であり、攻撃的なコミュニケーションを抑制しつつ、適切なカーコミュニケーションを促進すべきである。

3 合図のチャンネルごとのコミュニケーションの特徴

本節では、カーコミュニケーションの用いられるチャンネルごとの特徴と問題点について解説する。

「ウインカー(方向指示器)」は道路交通法でも右左折や進路変更時に多くの規定があり、分かりやすい合図手段である。光の点滅が中心であるため、ドライバーの感情が入り込む余地が少ない。しかしながら、前節で述べたように、「意図の明示」と「行動の明示」の違いは大きい。相手のことを思いやる気持ちがあれば、自分の行動をできるだけ予測しやすいように、右左折時や進路変更時には、丁寧な「意図の明示」としてのウインカーが望ましい。

逆にウインカーの問題点は、ドライバーが自らの行為で合図しなければならないということである。現実の交通場面では、右左折時にウインカーを出さない「無合図」の事例が多く発生している。合図のない急な右左折は追突事故や右直事故の原因となるため、合図の意味を教える良き教材となりうる手段である。また、早すぎる方向指示器の合図も、どこに曲がるかが分かりにくく相手を困惑させる。

「ハザードランプ」は、緊急停止時の合図や危険事態(高速道路の渋滞等)での合図に用いられている。ハザード(hazard)とは「危険対象・危険源」を意味する用語であり、ハザードランプは突然の事態変化に対応して用いられる合図手段である。ただし、後方車への合図手段として有効であるため、本来のハザードランプの意味を超えて、前述のように、「道を譲ってくれて有難う」の場面や、単なる停止場面(タクシーが客を降ろす時)

でも用いられるようになっている。つまり、ハザードランプが乱用される傾向がある。

「クラクション」は、ドライバーの意図に応じて、長さや回数が調節できることが特徴である。それゆえ、ドライバーの感情を反映しやすい。相手への直接的なコミュニケーション手段として有効である半面、攻撃的な性格を有することが問題といえる。しかし、日本では、危険な場面で用いられる本来のクラクションを除けば、以前よりも使われなくなってきた。これはクラクションの乱用が相手への攻撃とみなされるリスクがあることがドライバー全体に広く周知されてきた結果であると言えよう。後述するように、初心者の場合、クラクションが長すぎることで、相手への攻撃とみなされるリスクがあるように、トラブルの原因となりやすい合図であるため、運転者教育ではそうしたマイナス面を理解させる必要がある。

「パッシングライト」は光の点滅を用いた合図であり、先行車のドライバーに向けた合図手段として活用されている。本来は、高速道路で追い越し車線を走ってきた車が先行車に「自己の明示」（自分の存在を知らせる）のために利用される合図である。しかしながら、日本では、先行車の真後ろからパッシングライトを点滅させる「命令」の手段として活用されることが多く、攻撃としての合図に近い。また、前述のように、対向場面では「道を譲る」場合と「入ってくるな」という命令の場合があり、誤解が生じやすい合図手段でもある。

「ブレーキランプ」は減速のためにペダルを踏めば点灯するために、ドライバーの個人差が反映しにくい合図である。誰でもいつでもブレーキペダルの合図を利用することができる。それでも、急減速をすればブレーキランプ点灯時間が短くなり、ゆっくり減速すれば長くなるというように、点灯時間の調整をすることが可能である。また、後続車の接近の様子に応じて、早目のブレーキや複数回のブレーキをすることで有効な合図手段となる。

「身振り（身体言語）などの非言語的コミュニケーション（NVC）手段」は、日常場面と異なり、交通場面では利用が限定的である。具体的には、アイコンタクトやお礼の身振りなどに限定される。しかし、低速走行時の生活道路では、相手が歩行者や自転車利用者の場合に有効に活用することも可能である。相手への思いやりや共感性の具体的場面として身振りやアイコンタクトを教えることで、カーコミュニケーションの教育の導入に利用できる。なお、身振りなどの合図は、装置による合図よりも伝達距離が通常短く、知覚されにくいことに留意するべきである。

4　経験によるコミュニケーションスキルの向上

　カーコミュニケーションの問題である合図の誤解や意味の取り違えのことをコミュニケーション不成立（discommunication）と呼ぶことがある。このコミュニケーション不成立がなぜ発生するのかについて、発信者の符号化（encoding）と受信者の符号解読（decoding）の両面から推定してみよう。カーコミュニケーションの不成立が生じやすい原因として、この両過程のどこかに問題が生じていると考えられる。ウインカーやヘッドライトを用いるにしても、クラクションを用いるにしても、主として装置を用いるカーコ

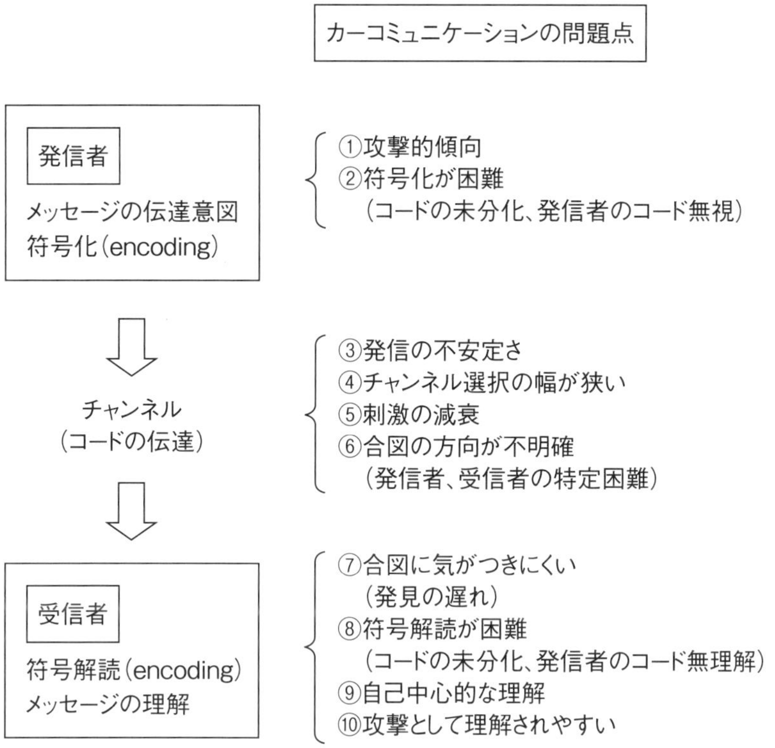

第10章　交通社会心理学

図 10-2　カーコミュニケーションの流れ図とその問題点（蓮花、2000）

ミュニケーションでは、光や音がついたり消えたりすることで、一定の何らかの意味を伝達しようとしている。このような形式のコミュニケーションはメッセージに対応する刺激構造が単純となりやすい欠点がある。つまり、コミュニケーション形式としては、送り手の符号化と受け手の符号解読を結合する符号体系（コード体系）が大まかで未分化な状態である。そのために、メッセージの正確な伝達のためには、受信者側は合図の状況をよく理解しておく必要があり、理解していないとメッセージが誤解され、コミュニケーションの不成立が生じやすくなるのである。このことを合図の意味理解に対する「状況規定性が強い」（木下、1974）と言われる。

蓮花（2000）は、図10-2に示すように、カーコミュニケーションの流れ図に沿って問題点を列挙しており、

1）発信者側のメッセージの伝達意図として攻撃的傾向が強い
2）コード体系が未分化なため伝達意図の記号化（符号化）が困難

など多くの要因を挙げた。

経験により伝達する合図の意味によるコード化が進展しているかどうかについて、蓮花（1996）は、様々なカーコミュニケーションを「公式装置合図」、「非公式装置合図」、「非公式身振り合図」の三つに分けて、経験者と初心者の比較を行った。公式装置合図は初心

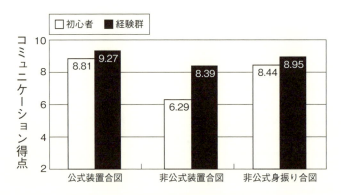

図 10-3　初心者と経験者の合図類型別の理解度（蓮花、1996）

者でも理解が容易である一方で、非公式装置合図については初心者の理解度が低くなる（図10-3）。同じ非公式合図であっても身振り合図の理解度は高い結果となった。装置を用いて非公式に行われている合図の場合、理解するためにはある程度の経験が必要である。初心者の場合には経験不足が合図の誤解を生じさせることが判明した。身振り合図の場合には、日常生活で行われている身振りが理解の基礎になっているためにこうした運転経験の差が見られなかったと解釈された。

蓮花はその後、国際比較研究を実施し、身振り合図であっても、日本人が日常使用していない合図であれば、理解度が低いという結果も得た（蓮花、1999）。写真10-3の場面は、フィンランド人の二輪ライダーが優先関係を守らなかったドライバーに対して行った侮辱の身振りである。相手に向かって中指を立てるのは性的侮辱表現として、あるいは極度の怒りや侮辱を示す仕草として欧米やアジアで頻繁に用いられている仕草のひとつである（金山、1983）。その一方で日本では最近まで全く用いられていなかった仕草と言われている。この仕草を提示した場面での理解度（正解率）は、ドイツ人ドライバーが84.8%、フィンランド人ドライバーが70.5%であったのに対して、日本人では40.9%であった。

運転の初心者はいろいろの車の合図がなにを意味しているのかを正しく理解することができず、結果的に間違った解釈に基づいて行動し、危険な状況を引き起こしたり、相手からの攻撃などのトラブルに結びつきやすいと考えられる。また、男性運転者は女性よりも経験に関係なく、合図を一般に攻撃的と見なす傾向があり、トラブルに関わることが多いようである。クラクションという音による合図は刺激性が強く「危険の回避」という本来の使用法に限定されて用いられれば良いのであるが、様々な使用法がある。その結果、交通のトラブルの代表となっている。

5　カーコミュニケーションと攻撃行動

運転中に近くでクラクションが鳴ったら、どこで鳴ったのか、あるいは誰が誰に鳴らしたのか気になることがある。例えば、交差点の信号が赤で停止していたとする。信号が青

第10章　交通社会心理学

写真10-3　フィンランド人の二輪ライダーの「侮辱」の身振り合図
（蓮花、2000）

になったのに気がつかずに、後ろから「プッ」と軽くクラクションが鳴らされることがある。このクラクションは短いものである限り、「信号が青に変わっているよ」というメッセージを伝えると判断されることが多い。ところが「ププププー」と長いクラクションを後ろから鳴らされたら、人によっては驚いたり、「うるさいなあ」と不快に感じるだろう。同じ状況でも人によって鳴らし方が異なり、鳴らし方によって感じ方も異なるのが自動車のクラクションである。木下（1974）はこうしたクラクションによる意味の伝達を「クラクションランゲージ（言語）」と呼んだ。

蓮花（1986）の実験では交通状況を設定してクラクション反応を求めることで、状況の違いでどのようなクラクションが存在するかを分析した。運転経験が増えるほどクラクションの意味の違いにも精通してくるし、それが鳴らし方にも反映するであろうと考えた。そこで、運転経験の少ないペーパードライバーからベテランのドライバーまでを比較して、どのようにクラクションのコード体系が成立するかを検討した。

刺激場面を実験室でスライドプロジェクターによって提示させた。それを見て、実験教示を聞いた後に被験者はスイッチを押してクラクションを鳴らす。こうして鳴らされたクラクションの時間をビデオ画面やタイマーカウンターによって測定した。

一連の実験により学生や教習所指導員のクラクションの違いが徐々に明らかになってきた。被験者、とくに学生初心者の中には非常に無頓着に場面にかかわりなく長いクラクションを鳴らす者がいた。経験者、とくに教習所指導員の場合には刺激場面の違いでクラクションの鳴らし分けができた。このことは日常の交通場面でのクラクションの長さやパターンから合図の意味を理解するためのコミュニケーションコードが成立していることを示している。

研究の結果、クラクションにはほぼ3種類あることが推定できた。第一が社会的エチケットのクラクション、次に安全確保のクラクション、最後が感情表現のクラクションの三つである。各々のクラスターに含まれるクラクションの長さに特徴があり、感謝等の社会的エチケットのクラクションが大体の目安として0.1秒程度であり、第二の安全確保のクラクションが0.3秒程度である。第三の感情表現のクラクションは、0.5秒を越えるクラクションとなる。ところが、初心者の鳴らすクラクションは、長さの観点で、安全確保と感情表

図 10-4　クラクションによる事件を伝える新聞
（読売新聞 1995 年 7 月 13 日夕刊）（蓮花、2000）

現との区別が不明確であった。すなわち、それを聞いた相手にとって、攻撃的な感情表現と受けとめられやすい傾向を示した。

　実験結果によると、どのような交通状況でも平均して 0.5 秒を超えるクラクションを鳴らすドライバーが一定の比率で存在していた。これは非公式のコミュニケーションとして発達してきたカーコミュニケーションがまだまだ普及途上にあることを物語っていると同時に、コミュニケーションの不成立、すなわち「ディスコミュニケーション」の危険性がきわめて高いことを予測できる。何気ないクラクションが相手に取っては「この野郎！」というようなきわめて挑戦的、攻撃的な意味と受けとめられる恐れがある。

　実際に、図 10-4 の新聞記事のように、クラクションが契機となって殺人事件や傷害事件が発生している（蓮花、2000）。

　カーコミュニケーションの場面で攻撃行動が生じやすい理由として様々な検討がなされてきた。すでに述べたように、カーコミュニケーションではお互いの意思疎通が困難と言える。しかし、困難だからといって、なぜ攻撃に転化しやすいのか、が問題となる。この現象は欧米でも、「路上の激怒（road rage）」として特に問題視されている（Parry、1968；Novaco、1985）。

　攻撃（aggression）は日常用語でも用いられるので自明な行動であるように思われるが、その定義となると学問的には困難である（松山、1982）。攻撃の定義としてよく知られているバス（Buss、1971）の定義では、「攻撃とは他の有機体に有害な刺激となる反応である」

としている。これは「外部に表出された観察可能な行動（overt behavior）」に攻撃を限定する見方である。

　攻撃を観察可能な行動に限定する場合に問題となるのが、「親の子どもへの体罰」や「医師の手術」「スポーツでのプレー」のように外見的には攻撃と同じでも社会的には攻撃とみなされていない多くの事例である。こうした事例を攻撃とみなさないために、行為者の「意図」を重視する立場がある。つまり、「攻撃とは他者を傷つけようとする意図を持った行動である」という定義である。しかし、このように定義したところで、意図というのは当事者しか分からないし、ある場合には当事者自体が自分の意図を分かっていない場合も多い。児童虐待の場合には、親が「しつけ」、つまり養育の一環とみなしていても、周囲が「虐待」、つまり攻撃と判断する事例が多い。攻撃のように社会的行動を扱う場合には社会的判断を要する場合が多い。バンデュラは「攻撃は本来複雑な行動であって、それを定義するには、相手を傷つけようとする意図のみならず、それが攻撃であると決定する社会的判断を要する」としている（松山、1982 参照）。

　攻撃の類型には、身体的攻撃と言語的攻撃の区別がある。また直接的攻撃と間接的攻撃の区別がある。たとえば、言語的攻撃で直接的攻撃では、「言葉で相手をののしる」という行為があり、同じ言語的攻撃でも間接的攻撃としては、「相手の悪口を言う」などが挙げられる。また、攻撃の目標がどこにあるのかという観点で、バーコヴィッツは「敵意的攻撃」と「道具的攻撃」に分けている。敵意的攻撃とは、相手を傷つけ、苦痛を与えること自体に目標が置かれている場合である。相手に腹を立てて殴るというような例である。一方、道具的攻撃では、別の目標を達成する道具（手段）として攻撃を行う場合である。なわばりを維持するために相手を威嚇する暴力団などはこの典型的な例である。

　攻撃行動の理論は数多いが、ここでは、欲求不満攻撃説と社会的学習説を取り上げる。ダラードらの欲求不満攻撃説では、すべての欲求不満（フラストレーション）は攻撃を動機づけ、攻撃はつねに欲求不満によって喚起されるとされた（中島ら、1999）。この説を修正したバーコヴィッツらの説では、欲求不満は攻撃のレディネス（怒り）を引き起こすが、必ずしも外的行動としての攻撃を引き起こすことはない。また、こうしたレディネスは、欲求不満だけでなく、すでに獲得された攻撃習慣でも生じる。攻撃レディネスが存在して、さらに適切な手掛かり刺激あるいは現在あるいは過去の怒りの誘発者と結びついた刺激があるときに、攻撃が生じるとした（松山、1982 参照）。これをまとめたのが図 10-5 である。

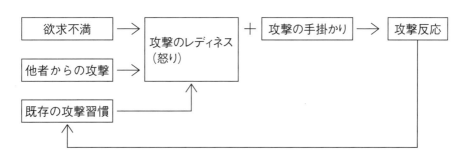

図 10-5　バーコヴィッツにより修正された欲求不満−攻撃仮説（松山、1982）

また、攻撃の社会的学習説では、攻撃を学習理論から説明しようとする。バンデュラによれば、攻撃に限らずすべての行動は、1）直接学習（direct learning）と2）観察学習（observational learning）あるいはモデリング（modeling）という二通りの方法で習得される。

　直接学習は、攻撃によって賞罰がなされることで、行動が学習されるということであり、攻撃することで仲間から賞賛されることや、相手が道を譲ってくれて時間が短縮されるなどによって攻撃行動が強化され、警察に捕まるなどで罰を受けることで行動が抑制される。

　その一方、観察学習ないしモデリングでは、他の人間の行動を見て、その行動の結果がうまくいけば行動を習得するというもので、交通場面では歩行者の信号無視のような場面で解説されることが多い。攻撃行動においても、他の人が攻撃を行った結果、有利になる場合に、観察していた人に攻撃行動が習得されるという考え方である。

　例えば、後続車がクラクションやあおり運転を行い、前の車が遠慮して道を譲るのを観察して、見ていた人がいいなと感じて、「自分もしてみよう」と実践することである。いわば、「攻撃」が「攻撃」を生むという状況である。もちろん、その逆もあり得るのであり、思いやりのある運転が観察学習で習得されて普及することもあるので、観察学習がすべて悪い方向に行われるわけではない。

　しかしながら、交通場面では、攻撃行動が引き起こされやすいことも事実である。世界的にも「運転時の攻撃」という分野の研究は今日でも盛んである。その理由として考えられることを列挙すると、第一に、道路が見知らぬ人が大勢遭遇する「公共空間」であることの影響である。カーコミュニケーションは公共空間での対人行動であり、公共空間では一般にお互いに無関心で対人関係を持たない、「引きこもり行動」の傾向が生じやすいと言われている。この反動として、いったん対人行動を行う必要が生じた場合には、攻撃のような過剰反応となりやすい、と推測できる。

　第二に、相手のドライバーが見えにくいあるいは全く見えないという「相手の不可視性」の影響である。相手が見えない状態では相手との心理的距離が大きくなり、攻撃を抑制することができなくなる可能性がある。

　第三が騒音や生活テンポなど運転時の焦りやストレスが欲求不満となり、攻撃に転化するという考え方もできる。渋滞や騒音などの環境ストレスが慢性化している現代の交通状況では、ドライバーら交通参加者の欲求不満も常に高まっており、欲求不満攻撃仮説で言うところの攻撃へのレディネス（準備性）が高いと考えられる。そこで、クラクションなどの刺激性の高い合図が飛び込んでくると攻撃行動が発現しやすいのであろう。以上の要因が複合的に作用して実際の攻撃行動となっていると推測できるが、この分野での研究はまだあまり進んでいない。

　第二の要因である不可視性の影響について、例えばターナー等（Turner et. al., 1975）は興味深いフィールド実験を実施している。実験者が乗った先行車を信号停止させ、信号が青に変わっても発進させない状態で、後続車が12秒以内にクラクションを鳴らすまでの反応時間とその回数を調べた。彼らは先行車のドライバーがよく見える条件（可視条件）と見えない条件（不可視条件）を設定して、不可視条件のときに、後続のドライバーがクラクションを鳴らす比率が高くなることを示している（図10-6）。相手のドライバーが

第10章　交通社会心理学

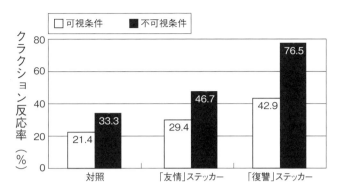

図10-6　ターナーの研究で可視条件と不可視条件でのクラクション反応率
（Turner et. al.,1975）

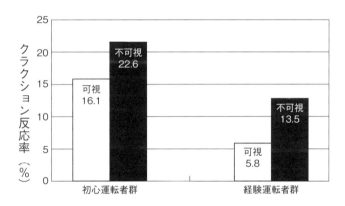

図10-7　ドライバーの可視性の有無によるクラクション反応（蓮花、1998）

　見えている可視条件では、後続車のドライバーの31.2%しかクラクションを鳴らしていないのに対して、ドライバーが見えない不可視条件では52.2%のドライバーがクラクションを鳴らした。また、攻撃を誘発させる刺激として、先行車（実験者）の後部にライフルが置かれており、かつステッカーが貼られている場合には、後続車のドライバーがクラクションを鳴らす比率は一段と高くなった。ステッカーの文字も「友情」というものよりも「復讐」の文字の方がライフルと結びついて攻撃行動としてのクラクションを触発させた。

　蓮花（1998）の研究でも、様々なクラクション事態を設定して、ドライバーが見える「可視条件」とドライバーが見えない「不可視条件」で、被験者にクラクション反応を求めた。攻撃と見なされる長いクラクション（500ms以上）の比率は図10-7のように、初心運転者群でも経験運転者群でも不可視条件で攻撃的クラクションの比率が高かった（経験運転者群のみで統計的に有意）。個人差が大きいものの、相手が見えない状態で、攻撃行動を引き起こす傾向が示されたと言える。

6 交通社会心理学の将来的展望

　本章で述べたように、カーコミュニケーションの研究は現代社会でのコミュニケーションのコード体系の人工的な発達として興味深い。さらに、対人コミュニケーションから攻撃行動への転化のプロセスを追究することで、現代人の行動に共通する社会的行動のメカニズムを理解する糸口になりうる。攻撃行動のような反社会的行動をうち消して、快適で安心できる交通社会を作り出すために交通心理学の役割は大きい。

　カーコミュニケーション分野の将来的展望として、合図のコードについて適切な公式ルールとコード体系を作成することが必要である。ITS技術を用いるなどの新しい手法を用いて「顔の見える」運転を行うことで、「路上の激怒」と呼ばれる攻撃行動を抑制することは、21世紀の車社会にとって重要な研究課題である。

　道路は人と人の出会う巨大な空間である。その中で、人は積極的に他の交通参加者と関わっている。その対人相互作用が適切に行われ、快適な社会を創造するためにはまだまだ多くの課題が残されている。

文献

金山宣夫（1983）．ノンバーバル辞典．研究社出版．
木下富雄（1974）．クラクションランゲージ　－特集の言葉にかえて．年報社会心理学，15，3-9．
松山安雄（編）（1982）．現代社会心理学要説．北大路書房．
中島義明ら（編）（1999）．心理学辞典．有斐閣．
Novaco, (1985). R.W. Aggression on roadways. In R.Baenninger (Ed.) Targets of violence and aggression, Advances in Psychology, 76, North-Holland.
Parry, M. (1968). Aggression on the road. London : Tavistock.
蓮花一己（1986）．クラクションによる対人コミュニケーションの実験的研究．交通科学，15（No. 2），27-33．
蓮花一己（1994）．対人交通コミュニケーション，木下富雄・吉田民人（編）『記号と情報の行動科学』第7章，149-166．福村出版．
蓮花一己（1996）．公式・非公式の対人交通コミュニケーションの理解に及ぼす運転経験の効果　－スライド提示法を用いて　社会心理学研究，12，2，125-134．
蓮花一己（1998）．車のボディランゲージ　日経サイエンス，1998年1月号，119-122．
蓮花一己（1999）．フィンランド・ドイツ・日本における交通行動の国際比較　科学研究費研究成果報告書（基盤研究B）．
蓮花一己（2000）．カーコミュニケーション，蓮花一己（編）『交通行動の社会心理学』第8章，pp92-99．北大路書房．
Turner, C.W., Layton, J.F., and Simons, L.S. (1975). Naturalistic studies of aggressive behavior : aggressive stimuli, victim visibility, and horn-honking. Journal of Personality and Social Psychology, 31, 1098-1107.

事項索引

【あいうえお順】

【あ行】

アイコンタクト ……………… 175, 176, 178
合図 … 174, 175, 177, 178, 179, 180, 181, 184, 186
相手の不可視性 ………………………… 184
アルコール ………… 8, 28, 38, 39, 40, 64, 123
アルコールと事故 ……………………… 39
暗順応 ……………………………………… 32
安全運転態度 ……………………… 74, 76, 77
安全確保のクラクション ……………… 181
安全装置 ………………… 159, 161, 162, 163
いいかえ ……………………… 132, 136, 138
位置関係 ……………… 95, 157, 158, 164, 165
一対比較法 …………………………… 166
意図の明示 ……………………………… 177
因果連鎖 ……………………………… 34, 36
因子分析 ………………… 18, 57, 114, 169
インフォームド・コンセント …………… 78
ウェーバーの法則 ……………………… 33
運転技能 … 38, 58, 61, 62, 68, 69, 79, 104, 144, 145, 146, 171
運転技能の過大評価 …………………… 61
運転経験 …… 17, 38, 41, 50, 170, 180, 181, 186
運転行動階層モデル ……………… 145, 146
運転支援装置 ………………………… 159
運転態度 ……………………… 68, 69, 70, 74
運転態度尺度 …………………… 113, 119
運転適性 ……………… 12, 46, 68, 76, 79, 80
運転適性検査 … 12, 65, 75, 76, 77, 78, 79, 80
運転能力の自己評価 ……… 158, 159, 162, 170
運転疲労 …………………………… 40, 41, 42
オッズ比 ………………………………… 58
オミッションエラー ……………………… 33

【か行】

外向性 ……………………………………… 169
カウンセリング … 83, 84, 95, 122, 123, 124, 126, 132
科学警察研究所 …………………… 43, 76, 79
科学警察研究所編運転適性検査73型 …… 76
かかわり行動 …………………… 132, 133, 138
学習心理学 ……………………………… 84, 161
覚醒レベル ……………………… 73, 159, 167
カーコミュニケーション … 174, 175, 176, 177, 178, 179, 180, 182, 184, 186
過少報告 ……………………………… 54, 55
過信 ……………………… 37, 72, 76, 159, 170
家族療法 ………………………………… 130
間隔尺度 ………………………… 165, 166
眼球運動 …………………………… 40, 41, 78
感情のコントロール ………… 18, 98, 114, 116
感情の反映 …………………… 132, 136, 138
感情表現のクラクション ……………… 181
危険源 ………………………………… 150, 177
危険暴露度 ………………………… 57, 58
客観的リスク ………………………… 158
強化子 ……………………………… 85, 95, 161
共感性 ……… 72, 109, 112, 113, 119, 137, 178
挙動 ………………………… 160, 169, 176
クライエント観察技法 ……… 132, 135, 138
クラクションランゲージ …………… 181, 186
クローズドループ …………………… 169
警察庁方式運転適性検査K型 ……… 76, 80
警察庁方式CRT運転適性検査 …………… 77
結果の重大性 …… 156, 157, 158, 159, 160, 171
血中アルコール濃度 …………………… 39, 40
工学的対策 ……………………… 59, 61, 82, 163
効果測定 ……………………… 20, 59, 61, 101
攻撃行動 … 24, 113, 180, 182, 183, 184, 185, 186
攻撃性 ……………………… 66, 72, 76, 113
攻撃的傾向 …………………………… 179
攻撃の類型 …………………………… 183
攻撃のレディネス …………………… 183
公式装置合図 ……………………… 179, 180
向社会性 ……………………………… 106, 109
構成的グループ・エンカウンター … 130, 131, 140
交通安全総合力 ………………… 116, 117, 118

交通違反 …………………………………… 161
交通カウンセリング … 18, 84, 93, 122, 123, 125, 126, 132
交通環境 … 16, 49, 61, 96, 113, 123, 157, 158, 165
交通事故統計 ………………………… 46, 52, 62
交通事故防止対策 ……………………… 46, 59
交通場面での意思疎通 ………………… 175
交通モラル ……………………… 109, 110, 119
行動の明示 ………………………………… 177
行動パターン …………………………… 10, 169
行動療法 ……………… 126, 127, 128, 129, 132
交流分析 ………………………………… 128
高齢者 … 8, 17, 46, 47, 49, 54, 58, 68, 73, 82, 104, 115, 117, 118
コーチング … 20, 83, 84, 95, 143, 144, 146, 147, 149, 150, 151, 152, 153
コーチング技法 ……………………… 149, 150
国際比較 …………………… 53, 142, 180, 186
子ども … 10, 14, 15, 47, 49, 55, 82, 85, 86, 88, 93, 100, 104, 105, 106, 110, 111, 116, 118, 128, 130, 183
子どもの認知発達 ……………………… 104
コミッションエラー ………………………… 34
コミュニケーションスキル ……………… 178

【さ行】
罪悪感 ……… 107, 109, 112, 113, 114, 115, 119
彩度 ………………………………………… 31
視覚低下グレア …………………………… 32
自我同一性 …………………… 106, 107, 108, 109
色相 ………………………………………… 31
時系列分析法（タイム・トレンド法）…… 61
事故危険性の指標 …………………… 46, 57
事故傾向 ……………………………… 64, 66, 67
事故傾性 ……………………… 12, 64, 65, 66, 67, 79
事故多発者 … 10, 11, 12, 29, 65, 66, 67, 73, 84, 93
事故の経験要因 ………………………… 52
事故の人的背景 ………………………… 38
事故の代替指標 ………………………… 55
事故の年齢要因 ………………………… 52
事故の反復性 …………………………… 55
自己の明示 ……………………………… 176, 178

自己評価 … 20, 62, 69, 79, 100, 146, 150, 152, 153, 158, 159, 162, 170, 171
自己評価技能 ……………………… 145, 147, 149
事前事後分析法 ………………………… 61
自然発生的な合図 ……………………… 175
質問紙 … 18, 55, 71, 76, 77, 78, 113, 114, 118, 169, 170
自閉スペクトラム症 …………………… 125
死亡事故 …………………………… 39, 46, 54
視野 ………………… 31, 32, 74, 77, 105, 159
視野の周辺 ……………………………… 31, 159
社会的エチケットのクラクション ……… 181
社会的相互作用 ………………………… 174
社会的望ましさ …………………………… 55
社会的ペナルティ ……………………… 160
社会的役割 ……………………………… 169
車間距離の判断 ………………………… 33
周波数成分 …………………………… 166, 167
周辺視 ……………………………… 31, 159
主観的リスク …………………… 22, 158, 163
主観評価 ……………………… 165, 166, 167
準道路交通暴露度推定法 ……………… 58
状況規定性 ……………………………… 179
焦点のあてかた技法 ……………… 131, 132
情緒不安定性 …………………………… 72, 78
衝動性 ………………………… 72, 76, 113
蒸発現象 ………………………………… 32
情報処理 ……… 30, 39, 40, 74, 158, 162, 167
情報処理能力 …………………………… 29, 30
情報量 ……………………………… 159, 164
処理リソース …………………………… 167
自律神経 ………………………………… 167
視力 ……………… 31, 32, 40, 64, 77, 159, 163
視力低下 ………………………………… 32, 38
神経症 ……………………………… 124, 125, 126
人口あたり交通事故死者数 …………… 57
心身機能 ……………… 28, 39, 40, 49, 66, 67, 68, 72
人身事故 ……………… 28, 46, 53, 55, 56, 57
心身症 ……………………………… 124, 125, 126
心理実験 ………………………………… 163

心理・社会的発達理論	106, 107
心理的障害	124
心理療法	122, 123, 124, 126, 129, 132
スキルベース	34
ストレスマネジメント教育	131
スリップ	34
性格検査	66, 76
性格特性	46, 76, 78, 169, 170
静止視力	31
精神性発汗部位	167
精神分析療法	124, 126, 132
生理指標	166, 167, 168
生理心理学	166
積極技法	132, 138
センセーション・シーキング	170
操作の誤り	37, 38
相対事故率	58
属性	31, 67, 94, 95, 96, 99, 169
速度の判断	33

【た行】

ターゲット・グループ	47, 49
第1当事者	47, 58
対人交通コミュニケーション	174, 186
対人コミュニケーション	119, 174, 175, 186
対人相互作用	175, 186
態度の三成分モデル	69
態度変容	70, 71
知識ベース	34
注意制限容量モデル	73
注意の深さと広さの相反性	74
注意のリソース	159
中心視	31, 159
ティーチング	83, 142, 145, 146, 147, 149
ディスコミュニケーション	182
伝達媒体	176
動体視力	31, 77
道徳発達理論	110
道路管理者	157
道路利用者	28, 37, 61, 157, 174
ドライバー相互の視認性	175

ドライビングシミュレータ	164
ドライブレコーダ	168
トランスアクショナルモデル	131
取締り	59, 142, 143
ドレイクの仮説	12, 13, 56, 75
トレードオフ	74, 162

【な行】

ナスバネット	77
二重課題法	30
認知行動療法	126, 129
認知の誤り	36, 37
認知発達理論	104, 106
認知療法	126, 129
年齢と事故	38, 41

【は行】

パーソナリティ	62, 66, 67, 68, 70, 71, 72, 74, 144
薄明視	32
暴露度	157
はげまし	132, 135, 136, 138
箱庭療法	130
ハザード	22, 158, 159, 168, 170, 171, 177
ハザード知覚	158, 162, 168, 170
ハザードランプ	175, 176, 177, 178
パッシングライト	174, 176, 177, 178
発生確率	60, 65, 156, 157, 158, 159, 160, 171
発達障害	124, 125
パフォーマンス	39, 40, 73, 89, 159
バリエーションツリー	35, 36, 43
パワースペクトル	167
判断の誤り	28, 37, 38
反応時間	29, 30, 39, 65, 75, 163, 184
引きこもり行動	184
非言語的コミュニケーション	150, 175, 178
非公式装置合図	179, 180
非公式身振り合図	179, 180
ビジュアルアナログスケール	165
非注意による見落とし	74
皮膚電気反射	22, 166, 167
ヒューマンエラー	33, 34, 41, 56, 143

さくいん

開かれた質問・閉ざされた質問 ………… 133
フィードバック … 88, 96, 112, 132, 138, 169, 171
不快感の表出 ………………………… 176
符号化 ………………………… 176, 178, 179
符号解読 ……………………… 176, 178, 179
符号体系 ……………………………… 179
物損事故 ………………… 10, 46, 55, 56
ブレーキ反応時間 …………………… 29
変化の見落とし ……………………… 74
変動要因 ……………………………… 36
変容 …… 59, 83, 89, 90, 108, 127, 130, 170, 171
補償行動 ……………………………… 163

【ま行】
マイクロカウンセリング ……… 132, 137, 140
マグニチュード推定法 …………… 166
見落とし ………………… 74, 158, 170
ミステーク …………………………… 34
身振り合図 …………………… 179, 180, 181
ミラーリング法 ………… 20, 21, 97, 99, 151
6つのP ……………………………… 39
明順応 ………………………………… 32
明度 …………………………………… 31
命令 ……………………… 29, 64, 176, 178
メタ認知スキル ……………… 170, 171
メッセージ … 150, 151, 174, 176, 177, 179, 181

【や行】
役割取得能力 …………………… 112, 118
遊技療法 ……………………………… 129
有効視野 ………………… 31, 73, 74
要約 ……………… 132, 136, 138, 150
4段階評価法 ………………………… 60

【ら行】
来談者中心療法 ………… 124, 126, 128, 132
ラプス ………………………………… 34
リスク知覚 … 22, 156, 158, 159, 162, 163, 164, 165, 167, 168, 170, 171
リスクテイキング ……… 56, 72, 160, 161, 171
リスクの目標水準 …………… 82, 163
リスクホメオスタシス ………… 162, 163
リスク・ホメオスタシス理論 ………… 61

リッカートスケール ………………… 165
利得 ……………… 156, 161, 162, 163, 171
臨床心理学 ……………… 71, 122, 123, 124
ルールベース ………………………… 34
礼儀 ……………………………… 176, 177
連絡 ……………………………… 176, 177
路上の激怒 …………………… 182, 186
路上のパートナー …………………… 174
論理療法 ……………………………… 129

【わ行】
若者 … 8, 9, 17, 46, 47, 49, 56, 68, 69, 93, 104, 115

【アルファベット順】
ATSモデル ……………………………… 34
EQ ……………………………… 116, 119
Heinrichの法則 ………………………… 66
OD式安全性テスト ……………… 78, 79
SRKモデル ……………………………… 34
TPB（Theory of Planned Behavior）…… 70

◇◆ 執筆者一覧 ◆◇

石田　敏郎（いしだ　としろう）　　　　編者　第1章　第2章
　　　　　1946年生まれ／学歴：早稲田大学大学院文学研究科修士課程心理学専攻修了
　　　　　　　　　　　　　　　　　　　　　　　　　現職：早稲田大学名誉教授

松浦　常夫（まつうら　つねお）　　　　編者　第1章　第3章
　　　　　1954年生まれ／学歴：東京大学教育学部教育心理学科卒業
　　　　　　　　　　　　　　　　　　　　　　　　　現職：実践女子大学教授

志堂寺　和則（しどうじ　かずのり）　　　　第1章　第4章
　　　　　1962年生まれ／学歴：九州大学大学院文学研究科博士後期課程心理学専攻単位取得退学
　　　　　　　　　　　　　　　　　　　現職：九州大学大学院システム情報科学研究院教授

大谷　亮（おおたに　あきら）　　　　第1章　第5章
　　　　　1975年生まれ／学歴：中京大学大学院文学研究科心理学専攻博士後期課程単位取得退学
　　　　　　　　　　　　　　　　　　　現職：一般財団法人日本自動車研究所安全研究部

内山　伊知郎（うちやま　いちろう）　　　　第1章　第6章
　　　　　1956年生まれ／学歴：名古屋大学大学院教育心理学専攻博士課程単位取得退学
　　　　　　　　　　　　　　　　　　　　　　　　　現職：同志社大学教授

大谷　哲朗（おおたに　てつろう）　　　　第1章　第7章
　　　　　1953年生まれ／学歴：広島大学大学院教育学研究科学習開発専攻博士後期課程単位取得退学
　　　　　　　　　　　　　　　　　　　　　　　　　現職：比治山大学教授

太田　博雄（おおた　ひろお）　　　　第1章　第8章
　　　　　1947年生まれ／学歴：東北大学大学院文学研究科修士課程修了
　　　　　　　　　　　　　　　　　　　　　　　　　現職：東北工業大学名誉教授

島崎　敢（しまざき　かん）　　　　第1章　第9章
　　　　　1976年生まれ／学歴：早稲田大学大学院人間科学研究科博士後期課程単位取得退学
　　　　　　　　　　　　　　　　　　　　　　　　　現職：近畿大学准教授

蓮花　一己（れんげ　かずみ）　　　　第1章　第10章
　　　　　1954年生まれ／学歴：大阪大学大学院人間科学研究科行動学専攻博士課程単位取得退学
　　　　　　　　　　　　　　　　　　　　　　　　　現職：帝塚山大学教授

交通心理学入門

（定価はカバーに表示してあります）

発　行	2017年7月30日　初版発行	
	2023年3月20日　改訂版発行	
企　画	日本交通心理学会	
編著者	石田敏郎 / 松浦常夫	
発行者	奥川光寿	
発行所	企業開発センター交通問題研究室	
	〒541-0052　大阪市中央区安土町1-8-6　大永ビル　　TEL 06（6264）1660	
	〒160-0004　東京都新宿区四谷4-32-8　　YKBサニービル　TEL 03（3341）4915	
発売所	株式会社 星雲社（共同出版社・流通責任出版社）	
	〒112-0005　東京都文京区水道1-3-30	
	TEL 03（3868）3275	
印刷所	大村印刷 株式会社	

©Toshiro Ishida. Tsuneo Matsuura. 2017
Printed in Japan.
ISBN978-4-434-23674-7C0011

本書の全部又は一部の複写、複製及び磁気又は光記録媒体への入力等は、著作権法上での例外を除き禁じられています。これらの許諾については、当社までご照会ください。

落丁本・乱丁本はお取替えいたします。